Magdalena Padberg

Das Leben
der Elsa Brändström

Ein Hilfswerk in drei Erdteilen

Herder Taschenbuch Verlag

Veröffentlicht als Herder-Taschenbuch

Inhalt

die Achtzehnjährige schriftlich formuliert hat. Ihr Drang, für die Gesellschaft etwas Sinnvolles zu leisten, war, angeregt durch die kommunale Mitverantwortung des Vaters, während der Schuljahre immer lebhafter geworden. Eine feste Richtung hatten diese Wünsche bekommen, als Elsa in den Sommerferien 1905 Lunnevads-Heimvolkshochschule kennenlernte. Bezog die schwedische Volksbildungsbewegung im 19. Jahrhundert ihre Anregungen zumeist aus angelsächsischen Ländern, so waren gerade jetzt dank Oscar Olsson in Lund eigene Gedanken verwirklicht worden. Sie sind noch heute ein tragendes Element nördlicher »adult education«. Olsson gehörte später dem Reichstag an und ist als »Oscar der Bärtige« in die Geschichte der skandinavischen Erwachsenenbildung eingegangen. Er berief sich auf Platos Dialoge; es sollte keine Lehrer im herkömmlichen Sinne geben – die Texte und Gegenstände selbst sollten befragt werden – ein für Elsa Brändström sicher bestechender Gedanke. Allerdings zeigte sich bald, daß viele Themen der fachkundigen Leitung bedurften. Man änderte die Methode, behielt aber das Prinzip der kleinen Arbeitszirkel bei. Konstant ist bis heute auch die Bilanz der Fächer geblieben. Immer noch stehen in Schweden künstlerische Arbeitsgemeinschaften an der Spitze. Ihnen folgen Sozial- und Rechtswissenschaft, jene Gebiete, denen Elsa Brändströms Interesse galt.

Die Idee dieser Volksbildungs-Kurse war dazu angetan, einem jungen, weitherzigen, allen weniger Begünstigten gegenüber loyal empfindenden Menschen wie ihr zu gefallen. Sie gründete auf der Bedingung, daß jeder Bürger teilnehmen konnte, daß religiöse und politische Propaganda nicht geduldet wurde – erstaunliche Paragraphen, wenn man sich der Träger dieser Einrichtungen erinnert: Es waren hauptsächlich politische Parteien, kirchliche Gemeinden und antialkoholische Verbände. Später hat Elsa Brändström oft mit Genugtuung darauf hingewiesen, daß in der Bildungsarbeit des staatskirchlich geprägten schwedischen Protestantismus auch Angehörige anderer Konfessionen, ja selbst Konfessionslose erwünscht gewesen seien.

Aus ihrer eigenen Volkshochschule wurde übrigens nichts. 1921 verbrachte sie aber den Sommer teilweise im Gastheim der Sigtuna-Stiftung, schrieb dort ihren Rechenschaftsbericht über Rußland und Sibirien und sprach beim Mittsommerfest zum erstenmal vor einem großen Kreis von Volkshochschülern über das Schicksal der Gefangenen jenseits des Ural. »Am täglichen Programm nahm sie nicht teil«, erzählt der heute wieder in Sigtuna wohnende frühere Bischof von Stockholm, Manfred Björkquist, »aber sie lebte mit. Als wir ihr die sehr bescheidene Ehrennadel unserer Volkshochschule, die ›Luther-Nadel‹ überreichten, sah sie ganz glücklich aus, fast wie ein junges Mädchen.« Bei ihren Vortragsreisen von Malmö bis hinauf ins Angermanland standen Elsa Brändström später neben den Kanzeln immer auch die Katheder der Volkshochschulen offen.

1906, als sie ihr großes Ziel vor Augen sah, blieb die Frage des besten Weges. Sie war realistisch genug, zu wissen, daß die geplante Schule nur mit einer gründlichen Ausbildung zu erreichen sei, daß vor der schönen Arbeit noch einmal ein Institut mit vielen Büchern liege. Elsa Björkman träumte davon, Künstlerin zu werden. Die Freundin wünschte sich praktische Aufgaben. Doch beide nahmen vorerst noch die gleiche Richtung. Sie hieß Anna Sandströms Lehrerinnen-Seminar in Stockholm. Auf der Route Nils Holgerssons, der nach der Erfindung Selma Lagerlöfs in diesem Frühling mit den Wildgänsen reiste und auch Östergötland überflog (»Linköping lag um seinen Dom herum wie eine Perlenfassung um einen köstlichen Stein«), steuerten die beiden jungen Schwedinnen ihre Hauptstadt an. Elsa Brändström hatte hier einflußreiche Verwandte. Es entsprach ihr jedoch mehr, den neuen Lebensbezirk selbständig und mit großen Schritten kennenzulernen. »Wir zwei alten Freunde aus dem Garnison-Städtchen, die wir unseres unterschiedlichen Aussehens wegen oft als typische Kontraste bezeichnet wurden, saßen jetzt wieder nebeneinander«, erzählt Frau Björkman-Goldschmidt. »Und erneut bewährte sich unsere Übereinkunft, Freud und Leid miteinander zu teilen, die Kenntnisse als Kollektiv-Gut zu betrachten und gemeinsam für Prüfungen zu büffeln. Gelegentlich fielen wir herein, wenn wir uns nämlich zu sehr auf die Fassungskraft von zwei Ohrenpaaren verlassen hatten.«

Elsa Brändström war hier nicht am richtigen Ort. Sie begeisterte sich unmittelbar für die Gegenwart, für politische und soziale Probleme, für lebende Menschen. Im Seminar dagegen wurden tiefe Fundamente gegraben, historische Untermauerung galt als Voraussetzung jeglicher Einsicht, und da Anna Sandströms Institut eine moderne Richtung vertrat, beschäftigte man sich auch eifrig mit Psychologie, mit Selbst- und Fremdbeobachtung, Verhaltensanalysen und Experimenten. Elsa Brändström hielt nichts von solcher Zergliederung, darum blieben wünschenswerte Leistungen bei ihr aus. »Sie wurde« – einem Wort der Freundin nach – »gewogen und ziemlich leicht befunden.« Offenbar fehlte es ihr für diese Fächer nicht nur an Interesse, sondern auch an Begabung. Zur Mitgift beider elterlichen Linien scheint weder ein besonderes Talent für die Geisteswissenschaften noch für die Künste gehört zu haben. Es wird erzählt, daß Petersburger Kunsthändler dem Gesandten drittrangige Bilder als Correggio und wertlose Stiche als echte Rembrandts teuer verkaufen konnten. Bis heute glaubt man in der Familie noch jenen Verzweiflungsschrei des Linköpinger Musiklehrers zu hören: »Schon wieder ein Brändström!« Ihm sollen Erfahrungen mit der Schwester vorausgegangen sein. »Vielleicht hätte man Per auf eine normale Höhe bringen können, doch nahm man Unmusikalität als göttliche Fügung einfach hin«, erzählt Robert Ulich. Elsa gestand später oft mit großer Belustigung, daß sie kaum die eine von der anderen Nationalhymne unterscheiden könne – was allerdings kein sehr stichhaltiges Kriterium für Freude an der Musik zu sein braucht. Sie hat diese Freude gehabt, wobei nicht so sehr melodische Erfindung als Rhythmus und dynamische Bewegung den Genuß schenkten. In schwerer Krankheit machte es sie ruhig, wenn ihr Gatte zur Laute alte Volkslieder sang.

Auch über die Beziehung zur Literatur ist in Anna Sandströms Seminar nicht das letzte Wort gesprochen worden. Damals war der Protest manchmal heftig. Er wurde mit Freimut geäußert – natürlich nicht zugunsten der Schülerin. »Menschen, keine Romane«, hieß der Tenor dieses Aufbegehrens. »Wenn ich nur ein Buch sehe, möchte ich schon weglaufen.« Elsa fand wohl, daß die Probleme des Tages bei der ausführlichen Versenkung in Dantes Höllenabstieg oder in Werthers Leidensbericht zu kurz kämen. Sie ging auch nur selten mit ins Intime Theater, den letzten Schrei von Stockholm, wo August Strindberg, der nach so vielen Stationen jetzt den »Blauen Turm« als Refugium bezogen hatte, seine Geschlechterhaß-Ideen und Damaskus-Träume auf die Bühne brachte.

Nicht gerade ihn, aber seinen Lehrmeister Henrik Ibsen hat Elsa Brändström später im Kinderheim Neusorge von Studenten und Erziehern aufführen lassen. Dort nahm sie auch freiwillig nach arbeitsreichem Tag an gemeinsamer Lektüre und Diskussionen über Bücher teil, wobei die Themen allerdings weniger romanhaft als politisch waren. Spenglers »Untergang des Abendlandes« etwa oder Coudenhove-Kalergis »Pan-Europa« wurden kritisch untersucht. »Elsa liebte Dichtung sehr, nur hatte sie wenig Zeit für sie übrig in ihrem tätigen Dasein. Manchmal urteilte sie über Lyrik mit einer so spontanen Einsicht, wie sie Literaturexperten selten gegeben ist«, sagt der nicht nur als Wissenschaftler sondern auch als Schriftsteller tätige Lebensgefährte Robert Ulich. In Briefen der letzten Rußlandreise, deren Programmfülle als »atemberaubend« geschildert wird, heißt es dennoch von späten Abendstunden: »Wir lasen und schrieben« oder »wir gingen dann noch ins Theater«. Höhepunkte waren dabei für sie und Anni Rothe ein Gogol-Stück in Kiew, eine Aufführung von »Der Widerspenstigen Zähmung« in Baku und in türkischer Sprache, woran Elsa Brändström Gedanken über die orientalische Transfiguration der shakespeareschen Figuren knüpft und – was nach ihrem Urteil allein schon die ganze mühsame Reise gelohnt hätte: der »Boris Godunoff« in Moskau, eingeübt vom großen Stanislawsky. Sie erzählt auch von vielen Besuchen in Kirchen, Klöstern, Museen und charakterisiert treffend die vier seltensten Ikonen Rußlands, lauter Themen, die der Stockholmer Seminaristin wohl noch ziemlich fern gelegen hätten. Vielleicht darf man einfügen, daß zwischen diese Lebenskapitel die Erfahrung mit dem »Kloster Sibirien« gehört, das Wissen von der Kraft der Kunst für viele Gefangene und damit ein tieferes Verständnis für alle Versuche, die Welt zu deuten.

Damals in Sandströms Pädagogikum galt ihr leidenschaftliches Interesse den Fächern, die am Rande behandelt wurden, für eine künftige Volkshochschulleiterin aber von größtem Belang sein mußten. Nur einmal gab es einen wirklichen Triumph. Als sie nämlich aufgefordert wurde, über aktuelle soziale Probleme zu sprechen, glänzte die Brändström-Tochter durch profunde Kenntnis und mitreißende Überzeugungsgabe. Anschließend soll das Hohe Haus ziemlich erstaunt die Möglichkeit eingeräumt haben, daß die spät Entdeckte vielleicht doch sehr begabt sei.

Für ihre Einschätzung bei den Lehrenden war auch das ehrliche Geständnis der Mutter nicht von Vorteil gewesen. Bevor die Eltern ihren Haushalt wieder nach Petersburg verlegten, hatte Anna Brändström der Seminarleitung klar zu machen versucht, daß das gesellschaftliche Leben in der russischen Hauptstadt vielseitig, sehr kapriziös und darum nur mit einer gewissen Reife zu bestehen sei. Die an Linköpings Höherer Mädchenschule Examinierte schien dazu noch nicht wirklich vorbereitet, jedenfalls nicht nach der Meinung der Eltern. Also hielt man eine Überbrückung für angezeigt. Das Seminar in Stockholm dachte dagegen verständlicherweise an die Ausbildung von Lehrer-Nachwuchs für das eigene Land. So hatte Elsa Brändström von vornherein das Statut der »höheren Tochter«, man nahm sie nicht so sehr ernst. Große Beweise ihrer Tatkraft gab sie aber vor allem, wenn sie gefordert wurde oder wenn innerer Ansporn den Weg wies. Auch von daher versteht man wohl ihre Rebellion gegen die Pädagogik dieses Hauses. Natürlich zog sie den Kürzeren. Am Ende des Semesters 1908, als jeder einzeln zur Direktorin gerufen wurde, erhielt sie die Quittung. Ziemlich kleinlaut, so erzählt die Freundin, sei sie damals zurückgekommen. Anna Sandström hatte nämlich als Resultat verkündet, Elsa Brändström dürfe in Schweden niemals auf Erfolg zählen. »Inte ens i Europa. Kanske skulle jag passa i Amerika …« Nicht einmal auf dem Kontinent, höchstens in Amerika … Das klang wie die letzte Chance. »Und meine liebe Mama gibt sich der Täuschung hin, ich könnte hier irgend etwas Nützliches tun!« Wie sie das sagte, erinnert sich Elsa Björkman, sei die momentane Niedergeschlagenheit schon wieder von fröhlichem Selbstvertrauen besiegt gewesen.

Heute wissen wir, daß die Vorsteherin nur teilweise recht behalten hat. Elsa Brändström erwies sich später als außerordentlich begabt für Amerika. Weltruhm, Kandidatur zum Friedensnobelpreis, Ehrendoktorhüte und Medaillen trug ihr jedoch die Tätigkeit in Europa und Asien ein, und gerade Schweden hat dieses Liebeswerk immer dankbar gewürdigt. Elsa Brändström erhielt manche hohe Auszeichnung als erste schwedische Frau; im Rathaus zu Stockholm hängt ihr Porträt unter den Bildern der berühmtesten Landsleute. Von solcher Zukunft brauchen Prüfungskommissionen aber vielleicht nichts zu ahnen. Auch in Östergötland, wo es nach Selma Lagerlöfs märchenhafter Phantasie »Frauen gab, die die Gabe hatten, vorauszublicken und den Leuten zu sagen, was ihnen widerfahren werde, so klar und deutlich, als sei es schon geschehen . . .« (Nils Holgerssons schönste Abenteuer), war ja keine Stimme laut geworden.

Nachhaltiger als die Lektionen des Institutes wirkten auf Elsa Brändström Eindrücke der Ferienzeit. Sie fuhr ins Ausland, um Sprachkenntnisse zu erwerben oder zu vertiefen, ein Studium, dessen Wichtigkeit sie damals nicht voraussehen konnte. Bis zur Perfektion brachte sie es während der nächsten Jahre in der Sprache, die das russische Gesellschaftsleben forderte: in Französisch. Ein von ihr sehr verehrter Professor hatte sie in Paris sechs Monate lang durch Einzelunterricht systematisch vorbereitet; tägliche Übung auf dem Petersburger Parkett brachte dann Fluß und Wortreichtum in die Unterhaltung. Russisch lernte die Gesandtentochter erst später im asiatischen Teil des Zarenreiches, sie hat diese Sprache mehr geliebt als beherrscht. Ihr Englisch soll trotz langen Aufenthalts in Amerika stets die Ausländerin verraten haben. »Elsa Schwedisch sprechen zu hören, war ein ästhetischer Genuß«, sagt Professor Ulich, »es klang, als wenn ein Bach über helle Kiesel hüpft. Auch im ganz vertrauten Deutsch blieb der skandinavische Akzent; das gehörte zu ihrer Persönlichkeit, und alle Freunde würden es vermißt haben.« Nördliche Färbung bestimmt ebenfalls das schöne Deutsch der in Amerika aufgewachsenen Tochter Brita: Worte und Tonfall ihrer Gespräche schenkten dem Biographen in Menlo Park, Kalifornien, etwas wie eine Begegnung mit Elsa Brändström.

1906 weilte die Seminaristin in Frankreich, hörte Vorlesungen an der Sorbonne und besuchte die Loire-Schlösser. Auf englischen Landsitzen spielte sie Kricket und Tennis. Aus der Schweiz kamen jubelnde Berichte über Alpentouren, die die im Flachland Geborene mühelos durchstand. Der trainierte Schritt bewährte sich auch hier ebenso wie die strahlende Liebenswürdigkeit, mit der sie überall neue Freunde gewann. Am schönsten aber waren die Reisen, zu denen der Vater das Programm machte. General Brändström nahm seine Tochter jeden Sommer drei Wochen mit in die Welt. Ihn zog es aus den Nebeln Petersburgs immer stark nach Westeuropa, und es erfrischte ihn für seine schwere diplomatische Aufgabe, Elsas kindliche Anhänglichkeit, ihre wache Lebensfreude zu sehen. Nach solchen Entdeckungsfahrten waren Fröken Sandströms Unterrichtsräume leichter zu ertragen.

Als Lehrgangsteilnehmerinnen zwanzig Jahre später Elsa Brändström um eine Glückwunschadresse für das »Sem« baten und einschränkend meinten, sehr vergnügte Anekdoten seien mit dieser Zeit wohl nicht verbunden, klang die Antwort recht heiter. »Die Kurse haben mich mehr gelehrt, als ihr alle denkt«, hieß es. »Sie öffneten mir die Augen für unendlich Vieles, an dem ich sonst gewiß vorbeigegangen wäre. Außerdem wurde ich etwas geduckt, und das war bestimmt nötig. Ich wäre unleidlich selbstsicher geworden, wenn ich wie in Linköping hätte weitermachen können.«

1908 packte Elsa Brändström ihre schon mehr von Briefen als von Büchern schwere Habe zusammen und siedelte zu den Eltern nach Sankt Petersburg über. Als sie dort auf dem Finnischen Bahnhof ausstieg, ahnte niemand, daß ihre Zeit in Skandinavien fast schon beendet war. Schweden wurde für die Zukunft kaum mehr als ein Ort der Übergänge. Bei der nächsten längeren Heimkehr 1920/21 hatte das junge Mädchen von jetzt schon die Autorität, einen Aufruf an ihr Volk zu erlassen. Sie trug hier die verehrten Eltern zu Grabe, schrieb ihr Kriegsgefangenen-Buch und kam noch mehrmals zu kurzen Vortragsreisen zurück. Doch ein richtiges Atemholen in der geliebten Heimat war Elsa Brändström nicht mehr vergönnt. Die Erinnerung an Zuhause scheint bei dieser sonst so stark auf die Zukunft gerichteten Frau

aber immer mächtig geblieben zu sein. In russischen Birken-
wäldchen, die an daheim denken ließen, habe sie sich später
oft neue Kraft geholt, erzählen ehemalige Kriegsgefangene,
und Freunde wissen von ihren glücklichen Augen, wenn an
der Ostküste der USA ein Fleckchen mit Wasser und hellen
Baumstämmen entdeckt wurde. Dann sei die sonst stets
Eilige aus ihrem Auto gestiegen und habe für eine Weile
ausgeruht. Anni Rothe, die langjährige Hausgenossin, schrieb
nach Elsa Brändströms Tod 1948 aus Cambridge: »Es war
Schweden, was sie bis zum Ende umschloß.«

Als Italien noch das klassische Reiseland war, hatte es sich eingebürgert, andere Städte durch Vergleich mit seiner Schönheit zu empfehlen. So wurden zwei Metropolen zum »Venedig des Nordens« ernannt: Stockholm und Petersburg. Untereinander haben sie viel mehr gemeinsam als jeder Ort mit Venedig, das Elsa Brändström damals nicht kannte. Erst 1930 fuhr sie mit ihrem Gatten Robert Ulich dorthin und war begeistert. Aber Stockholm blieb für sie zeitlebens die schönste Stadt. London folgte als nächste – so kann sie auch in Petersburg nicht unglücklich gewesen sein.

Es ließe sich über die vom Meer her bestimmte Prägung und Entwicklung dieser Siedlungen hinaus manches anführen, was ihre Ähnlichkeit in den letzten Jahren vor der politischen Zeitwende verbürgt: die Hofhaltung der miteinander versippten Herrscherhäuser, das glänzende gesellschaftliche Leben, an dem Aristokratie und Bürgertum gleicherweise teilnahmen, die Blüte von Kunst und Wissenschaft, das überall wachsende Industrieproletariat.

Dennoch war Petersburg 1908 eine merkwürdige, kaum zu vergleichende Stadt. Baedekers Reiseführer gab Besuchern die Warnung auf den Weg: »Man vermeide die Mitnahme von Werken politisch-sozialen, geschichtlichen Inhalts und dergleichen. Im Gespräch vermeide man außerhalb des nächsten Bekanntenkreises jegliches Eingehen auf politische oder religiöse Fragen.« Deutlicher gesagt: es wimmelte am Sitz des Zaren und der größten Regierungsbürokratie der Welt von Spitzeln und Agenten. Sie machten nicht halt vor den exterritorialen ausländischen Vertretungen. So wußte man auch im Haus des schwedischen Gesandten, daß alle Diener von der russischen Geheimpolizei für Hinweise bezahlt wurden.

Vor dieser blendenden und gespenstischen Kulisse spielten sich Elsa Brändströms Petersburger Jahre ab. Der Beginn des Weltkrieges verschob sie kaum; selbst während der Februarrevolution 1917 brachen die Theater nicht ab, wurde in den Ballsälen weitergetanzt, drahtete ein französischer Diplomat nach Paris: »Es scheint sich wieder zu beruhigen.« Erst der Rote Oktober riß diesen zauberhaften, von großen Dichtern unvergeßlich geschilderten Hintergrund für immer entzwei. Mit ihm versanken Schönheit und Schuld in die herbstlich brodelnden Nebel der Newa. »Man ahnte, daß alles zu Ende war«, schrieb der russische Augenzeuge Fedor Stepun, nach 1922 Professor in Dresden und Kollege Robert Ulichs am Vorabend einer anderen Machtübernahme.

Wenn wir den Blick des Lesers noch einmal auf dieses Panorama lenken, so nicht nur, weil Lokalkolorit allemal die Szene bereichert. Elsa Brändström hat vom leichtsinnigen Klima der Petersburger Gesellschaft und von dem, was ihren Sturz vorbereitete, sicher mehr gespürt, als man es durchweg bei einer jungen Dame Anfang zwanzig erwarten darf. Sie war ja nicht nur mit überschäumender Lebensfreude, sondern auch mit einer klaren Beobachtungsgabe versehen, interessiert vor allem für jenen sozialen und politischen Bereich, den Baedekers Leitfaden im Kapitel Petersburg »gefährlich« nannte. Eine geborene Demokratin schwedischer Herkunft konnte wohl nicht umhin, hier an der Newa fast alles ungewöhnlich zu finden. Wenn sie jetzt statt im Eilschritt per Kutsche die eleganten Quai-Viertel verließ und einen Blick in Richtung Wyborger Vororte warf, so werden die grellen Unterschiede ihren Kommentar herausgefordert haben. Wir kennen ihn nicht, denn auch das gehört ins Bild der autokratisch regierten Stadt: es wurde geschwiegen oder nur hinter vorgehaltener Hand geflüstert. Zumal die auswärtigen Vertretungen hielten es mit der Gepflogenheit, neutral zu bleiben, offiziell wegzublicken, die anscheinend russischen Belange den Russen zu überlassen. In diesem Geiste wurde auch Elsa Brändström erzogen. Wie bald der schleichende Unterstrom der letzten guten alten Zeit sein Versteck verlassen und die ganze Welt ändern sollte, war nicht zu ahnen. Der Historiker Allan Moorehead übertreibt mit seiner Deutung nicht: »Wahrscheinlich ist die Russische Revolution das wichtigste Einzelereignis, das die USA nach dem Ersten Weltkrieg auf den Schauplatz der Weltpolitik trieb; diese Revolution beeinflußte jedes Land während der zwanziger Jahre, und ihre Auswirkung läßt sich in der Depression und in den politischen Ereignissen verfolgen, die schließlich zum Ausbruch des Zweiten Weltkrieges führten. Die Machtergreifung des Nationalsozialismus in Deutschland war mit der Erbschaft, die Lenin hinterlassen hatte, eng verzahnt; ohne Stalins Zusicherung, Hitler zu unterstützen, hätte dieser wohl kaum gewagt, die Welt 1939 erneut in schwere Konflikte zu stürzen. Amerikas Verpflichtungen in Europa und im Fernen Osten, der Umsturz in China, der Kalte Krieg, Korea, die schwelende Krise im Mittleren Osten und das Wettrennen mit ferngelenkten Geschossen – das alles hat seinen Ursprung in jenem Sturm, der 1917 den Zaren vom Thron fegte.« Wohl mehr als die Wege einer anderen Schwedin sind Elsa Brändströms künftige Stationen durch diesen 17. Oktober und das frühere Datum, den 1. August 1914 mitbestimmt worden.

Aber noch heißt der Ort der Handlung nicht Petrograd sondern Petersburg. Wir sind über seine letzten Jahre als Hauptstadt gut unterrichtet. Natürlich klingt das Urteil sehr verschieden, wenn man einerseits Augenzeugenberichte liest – etwa die Erinnerungen des französischen Botschafters Paléologue oder seines britischen Kollegen Buchanan – andererseits Werke der späteren sowjetrussischen Forschung. So läßt sich ein facettenreiches Bild der schon jetzt auf fast zwei Millionen Einwohner gewachsenen Metropole gewinnen. Als extreme Quellen seien dabei die Tagebücher und Briefe des schreibfreudigen Zaren Nikolaus II. und Trotzkis Werk über die Revolution genannt. Allen vier Autoren ist Elsa Brändström übrigens einmal oder häufig begegnet, was sich nur bei den erwähnten Diplomaten von selbst versteht. Nikolaus II. sah sie anläßlich der prunkvoll gefeierten Vermählung der russischen Großfürstin Maria Pawlowna mit Prinz Wilhelm von Schweden zum ersten, während des Hoffestes beim 300jährigen Jubiläum des Hauses Romanow wahrscheinlich zum letzten Mal. Leo Trotzki verschaffte ihr als Volkskommissar für Heerwesen 1918 die Legitimation, das »rote« Gebiet im Bürgerkrieg frei durchreisen zu können, und nachdem man ihn selbst 1929 entmachtet, aus der Partei ausgeschlossen und in die Türkei verbannt hatte, traf sie seine Schwester Olga Dawydowna in Moskau. Die geschiedene Frau Kamenews, der neben Stalin an der Spitze des Petrograder bolschewistischen Zentralkomitees gestanden hatte, war damals Leiterin der Gesellschaft für kulturelle Beziehungen mit dem Ausland. Elsa Brändström beschreibt sie so: »Eine kleine dunkle Frau, hat eigenartig verschleierte Augen, sie wirkt sehr überlegt und wenig direkt. Ich würde mir vorstellen, daß sie mehr schlau als klug ist. Uns empfing sie sehr freundlich, aber hautaine ...«

Da hier nicht noch einmal das bis heute vielleicht umstrittenste Thema der neueren Geschichte nacherzählt sondern vom Leben der damaligen schwedischen Gesandtentochter berichtet werden soll, kann man sich auf jene Züge beschränken, die in ihrem Dasein eine Rolle gespielt, sie interessiert oder befremdet haben müssen.

»Wir sprachen von Rasputin und den alten Zeiten«, heißt es gelegentlich in Briefen der letzten Rußlandreise. Mit diesem Namen ist nicht nur der Gegenstand ihres höchsten Abscheus bezeichnet – sie traf ihn bei Hofe und in der Stadt – sondern auch der letzte heimliche Herrscher aller Reußen. Gegen Ende des Jahres 1903 war Grigori Jefimowitsch

Rasputin zum ersten Mal in Petersburg aufgetaucht, ein zerlumpter Bauer aus der Gegend von Tobolsk, mittelgroß, mit langem, wirrem Bart, der ihm bis auf die Schultern herabfiel. Als Wanderprediger, dem man bescheinigte, er könne Dürre und andere Naturkatastrophen prophezeien, ging ihm schon ein gewisser Ruf voraus. Mönche nahmen den analphabetischen Schwindler auf. Er hatte aber größere Pläne und traf dafür in Petersburg auf ein günstiges Klima. Dort herrschte damals eine geradezu rauschhafte Verehrung für alle pathologischen Randerscheinungen des religiösen Lebens. Großfürstin Miliza empfing den Trinker und Mädchenschänder bald. Über Anna Wirubowa, von der noch die Rede sein wird, kam er zum Hof. Im Tagebuch Nikolaus II. vom November 1905 heißt es: »Wir haben einen Gottesmann aus dem Gouvernement Tobolsk kennengelernt, Grigori.«

Grigori gewann alsbald den mächtigsten Einfluß. Bleibt er im Letzten unerklärlich, so gibt es doch einige Momente, die man anführen kann. Das war einmal vielleicht jene am 13. März 1881 am Katharinenkanal in Petersburg geworfene Bombe, die Alexander II. entsetzlich verstümmelte. Diesem Attentat folgte im Winterpalais eine der prunkvollsten und schaurigsten russischen Sterbeszenen. Neben dem dreizehnjährigen Enkel Nikolaus waren weitere acht Romanows anwesend, die später gewaltsam sterben sollten. Von dieser Stunde hat der letzte Zar nach allgemeinem Urteil eine elementare Furcht bewahrt. Selbständig denkende Minister, Politiker, Intellektuelle waren ihm fürderhin verhaßt, und so konnte Rasputin auf Echo zählen, wenn er dem persönlich liebenswerten, aber schwachen Herrscher einflüsterte, sein eigentlicher Verbündeter sei jenes in Rußland immer slawophil-romantisch überhöhte »Volk«, als dessen Symbol er (der ehemalige Pferdedieb) zu gelten habe. Kaiserin Alexandra, geborene Prinzessin Alice von Hessen-Darmstadt, am englischen Hof ihrer Großmutter erzogen und entsprechend victorianisch-protestantisch geprägt, hatte große Bedenken gehabt, in ein russisch-orthodoxes Haus zu heiraten. Jetzt war sie längst die glühendste Anhängerin dieses Glaubens. Rasputin erschien ihr wie eine göttliche Schickung. So nahm die Verehrung der Zarin für den ungeschlachten sibirischen Bauern die überspanntesten Formen an. Er teilte auch ihren Haß gegen das Gesellschaftsleben Petersburgs und erreichte es, daß sie den Kontakt mit der Wirklichkeit immer mehr verlor, sich ausschließlich ihrer eingebildeten Welt hingab. Das entscheidende Moment in der Hörigkeit Alexandras lieferte jedoch wohl die Krankheit des Zarewitsch, denn der einzige Sohn nach vier Töchtern war mit der in Europas Hocharistokratie verbreiteten Geißel der Hämophilie geschlagen. Rasputin hatte eine seltsame Macht über den Jungen. Wenn er nur durchs Telefon mit Alexej sprach, endeten die Blutungsanfälle augenblicklich, und der Zarewitsch fiel in Schlaf. So war die Mutter von der Idee besessen, daß nicht nur das Leben ihres einzigen Sohnes, sondern Rußlands Zukunft von jenem heiligen Wanderer abhing, der in Asien eine Frau und drei Kinder verlassen hatte.

Könnte man solche Züge als Privatansichten des Hauses Romanow abtun, so gehört der politische Einfluß Rasputins wesentlich mit zur Schilderung dieser Jahre in Petersburg. Er hat den Sturz der Monarchie beschleunigt, indem jeder Fortschritt, jeder Versuch einer Liberalisierung des Systems am engsten, schließlich einzigen Ratgeber des Zarenpaares scheiterte. Seine Ermordung, um mit Trotzki zu sprechen, »ausgeführt wie nach einem Filmdrehbuch, das für Menschen mit schlechtem Geschmack verfaßt ist«, geschah nicht durch Revolutionäre sondern durch Angehörige des russischen Hochadels, nahe Verwandte der Romanows. Als man die Leiche am 1. Januar 1917 aus der Newa gefischt hatte und Alexandra tagelang in der Tschesme-Kapelle betend bei ihr verweilte, atmete außer einem großen Teil Rußlands auch der deutsche Kaiser in Berlin auf. Er hoffte, freilich vergebens, den Feind im Osten jetzt ausschalten zu können.

Für Elsa Brändström, die aus einem rational bestimmten Elternhaus und aus einem nordisch-kühlen Lande stammte, ist Rasputin der fremdeste Eindruck jener Jahre gewesen. Sie hat später oft von der giftigen Atmosphäre am Hof gesprochen und sich geschüttelt, wenn nur der Name Grigori Jefimowitsch genannt wurde.

In ihrem Nachlaß gibt es zwei Dokumente aus dem Hause Romanow: ein Schmuckstück, das zum 300jährigen Jubiläum dieses Herrschergeschlechts an die ausländischen Diplomaten überreicht worden ist, bestehend aus einer Miniatur-Krone und Goldanhänger. Der monarchische Gedenktag hatte noch einmal, zum letzten Mal, die Petersburger Gesellschaft zum Ball im Winterpalais vereint. Auch Elsa Brändström war unter den Tanzenden und ist in ihrem blauen Paillettenkleid sehr bewundert worden. Das andere Souvenir bedarf einer weitläufigeren Erklärung.

Anna Wirubowa wurde schon genannt. Sie war von der Zarin zu einer unglücklichen Ehe ermutigt worden. Nach der Trennung bezog die geborene Tanieff ein kleines Haus nahe der kaiserlichen Residenz, ging im Palast aus und ein, auf das Schuldgefühl der Zarin rechnend. Fremde schildern sie als »falsch, verspielt und aufreizend«, Alexandras Herz aber war ihr ergeben. Rasputin hatte vorausgesagt, daß die Ehe schlecht enden würde. Jetzt glaubte auch Anna Wirubowa an ihn und verschaffte dem Wundermann Eingang bei Hofe.

Zwischen Elsa Brändströms nachgelassenen Papieren tauchte eine englische Kopie von 8 Briefen der Zarin an diese Vertraute auf, datiert zwischen dem 14. März und dem 24. April 1918. Es sind unseres Wissens die letzten schriftlichen Äußerungen Alexandras vor der Ermordung der Familie am 16. Juli in Jekaterinburg. Bislang hat sie nur eine kleine russische Emigrantenzeitung in Paris veröffentlicht.

Über das weitere Schicksal der Originale schrieb Anna Wirubowa 1961 an die schwedische Königin Louise: »Die kostbaren Briefe unserer Zarin, die ich in Wyborg erhielt, wurden in Paris gedruckt. Wir waren damals sehr arm, meine Mutter und ich ... Ein junger Amerikaner aus New York besuchte uns anschließend, mein Bruder hatte ihm unsere Adresse gegeben. Er sagte, daß er die Briefe und Fotos kaufen und uns dafür bis zum Lebensende monatlich 100 Dollars schicken würde. Er versprach es, gab aber kein Dokument darüber ... Mutter brauchte einen Arzt, so gab ich ihm alles, was für mich das Teuerste auf der Welt war. Er schickte uns monatelang nichts, dann verschwand er, wie ich durch meinen Bruder hörte. Er soll die Briefe dem Museum der Harvard-Universität gegeben haben.«

Recherchen in Cambridge, Massachusetts, bestätigten diese Nachricht nicht. Zu der hier vorliegenden Kopie sagte Ethel von Heidenstam, die damals gleichfalls in Petersburg lebte und eine nahe Freundin Elsa Brändströms war: »So hat Anni also doch die Briefe verkauft, nachdem sie mir immer beteuert hatte, sie würde sich nie davon trennen. Ich verstehe nicht, daß die jetzigen Besitzer keinen Gebrauch von diesen kostbaren und historisch interessanten Dokumenten gemacht zu haben scheinen. Ich bezweifle die Echtheit der Abschriften nicht, denn ich kann mich genau erinnern, Anni bei der Übersetzung der Zarin-Briefe geholfen zu haben. Vokabular und Stil sind typisch. Wie Elsa zu diesen Schriftstücken gelangt ist, weiß ich nicht.«

Man darf vermuten, daß Anna Wirubowa vor ihrer Emigration eine Kopie in der schwedischen Gesandtschaft in Petersburg hinterlegt hat. Sie war mit Elsa Brändström gut bekannt, wurde von ihr jedoch als »verworren und ziemlich hysterisch« bezeichnet, während sich die Eltern Tanieff großer Beliebtheit erfreuten. Das hier vorliegende Exemplar ist vielleicht das einzig noch erhaltene dieser Briefe. Da Elsa Brändström es über Schweden und Deutschland bis Cambridge, also bis in die unmittelbare Nachbarschaft der Harvard-Universität gerettet hat, sollen wenigstens die letzten Zeilen der geborenen deutschen Prinzessin – zum ersten Mal in deutscher Sprache – veröffentlicht werden. Vorauszuschicken ist, daß die Zarenfamilie nach der Februarrevolution 1917 in Zarskoje Selo, ihrem bevorzugten Sitz 25 km vor Petersburg, unter Bewachung gelebt hatte. Später schaffte man den »Bürger Romanow«, seine kranke Frau und die fünf Kinder heimlich nach Sibirien. Sie fuhren in einem Zug unter japanischer Flagge, begleitet vom französischen Hauslehrer Gilliard und mehreren Angestellten, an Rasputins Heimat vorbei nach Tobolsk. Dort war die Bevölkerung freundlich gesonnen, und die Familie durfte in der Ortskirche beten. Alexandras Briefe erzählen davon. Im April 1918 wurden die Verbannten nach Jekaterinburg transportiert. Ein kleines Holzhaus nahm sie auf. Dort mußte die Familie mit der meist betrunkenen Wachmannschaft aus der gleichen Schüssel essen. Beim Herannahen der Tschechen beschloß man die Ermordung des Kaisergeschlechtes – 305 Jahre nach dem Aufstieg des Hauses Romanow.

Der letzte Brief spricht von dem, was Alexandras Leben in Rußland bestimmt hatte: von dem verhätschelten, jetzt dreizehnjährigen Sohn und von ihrer religiösen Inbrunst: »23. April 1918. Ich weiß, wie sehr Du Dich um Sonnenscheinchens Gesundheit ängstigst, so schreibe ich wieder. Heute hatte er schreckliche Schmerzen, man sagt, das sei ein gutes Zeichen, gestern lachte er zum ersten Male ein bißchen und sprach und schlief zwei Stunden am Tage. Sein Gesicht besteht nur noch aus Augen und ist so gelb, genau wie damals in Spala. Die Temperatur ist jetzt weniger hoch, einmal ging sie auf 39 Grad Fieber. Er hat es gern, wenn man ihm laut vorliest, er ißt nichts. Ich bin den ganzen Tag um ihn, sonst liest der freundliche Monsieur Gilliard ohne Pause. Seit zwei Tagen wieder Schnee. Seit einer Woche war ich nicht draußen, weil ich bei ihm sitze und nicht einmal auf den Balkon gehen darf. Von überall her kommen viele Soldaten. Der neue Chef ist aus Moskau eingetroffen, Jadofleff sein Name. Man sagt, daß die Hitze hier im Sommer schrecklich sei, 40 Grad, dazu sehr staubig und keine Bäume – wir haben um die Erlaubnis nachgesucht, in einem Kloster leben zu dürfen. Ich verstehe, wie gern auch Du draußen sein möchtest! Gott helfe uns Allen. Man sagt uns immer, daß wir weiterzureisen hätten, noch einmal weg von hier nach Osten oder nach Mittelrußland, es wäre schrecklich. Gott möge ihnen diesen gefährlichen Gedanken austreiben. Ich fürchte sehr, Du könntest längst unruhig sein wegen der vielen unwahren Berichte über uns, versuche ruhig zu bleiben, Liebe. Ich hoffe, Babys Krankheit ist zu seinem Besten, wie damals, als Ihr alle die Masern hattet, und daß man uns nicht von hier wegschickt. Doch alles liegt in Gottes Hand. Demut und Glauben halten mich hoch. Gerade jetzt reiten 11 Soldaten vorbei, gute Gesichter, Gott sei Dank, manchmal sieht man auch schreckliche. Gott erhalte und schütze Dich! Zärtliche Grüße allen, die sich an mich erinnern. Eben sah ich den neuen Chef unserer Bewachung. Kein zu böses Gesicht ...«

Auch Elsa Brändström wird diese Worte einer Frau nicht ohne Erschütterung gelesen haben, von der sie wußte, daß sie in guten Tagen niemanden anblickte und zu deren Gewohnheiten es gehört hatte, durch das Reich ihrer Untertanen hinter herabgelassenen Equipagen-Jalousien zu fahren. Diese offen bekundete Menschenverachtung der Zarin ist in Petersburg nicht als Vorbild genommen worden. Wenn auch der Hof fern blieb, so gab es unter denen, die ihm als Minister und Beamte dienten oder dort als Beobachter akkreditiert waren, den lebhaftesten gesellschaftlichen Austausch.

Heinrich Korherr, ehemaliger österreichischer Oberstleutnant und Kriegsgefangener in Sibirien, erinnert sich einer Erzählung Elsa Brändströms. Danach hat sie allein in einem einzigen Winter an 120 Bällen, Tees und Empfängen teilgenommen. Und nicht nur aus Verpflichtung sondern mit der ihr immer eigenen Erwartung und Intensität. »Voller Schwung, voller Lust warf sie sich in das neue Leben«, erzählt ihre Freundin, »die junge Dame hatte anscheinend nichts mehr von der Stockholmer Seminaristin und deren Rebellion. Es war, als ob sie nie von Vergangenem bedrückt gewesen sei und nie von Zukunftsgedanken beunruhigt würde. Ihr Vater wollte, daß sie besonders gut gekleidet ging. Er zitierte oft Bernard Shaws Wort, ein gutsitzender Frack gäbe mehr Sicherheit im Auftreten als ein gutes Gewissen – und da seine Tochter Elsa das letztere gewiß hatte, sollte ihr Eleganz einen doppelt guten Start verschaffen.«

Für die privilegierte Jugend Petersburgs jagten sich die Geselligkeiten in endloser Reihe. Zum Tennis hatte man für den Sommer eine mondäne Neuheit kreiert, nämlich Boston auf Rollschuhen zu tanzen. Elsa Brändström fand an diesem Sport ein so großes Vergnügen, daß sie ihn am liebsten vom Morgen bis zum Abend betrieben hätte. Ihre Freundin, die häufig zu Besuch in der schwedischen Gesandtschaft weilte, pflegte scherzhaft zu versprechen, sie würde bei dem sicher einmal zu schreibenden Nachruf auf die um 21 Tage »Ältere« diese Passion taktvoll übergehen. Mit nicht geringerer Leidenschaft spielte sie Bridge, so daß ein Partner am Kartentisch die Ansicht vertrat: »Nicht wahr, Mademoiselle Brändström, Sie stellen sich das Paradies doch bestimmt wie einen Riesensaal mit lauter gemütlichen Nischen und grünbezogenen Tischflächen vor!«

Im November, wenn die goldenen Türme und farbigen Kuppeln der Stadt nach langen Nebeltagen plötzlich wieder sichtbar werden, die Kälte weit unter Null sinkt und glitzernder Schnee die Peter-Pauls-Festung weniger drohend erscheinen läßt, beginnt die Saison auf dem Eis. Der aus Amerika importierte langsame Schrittwalzer vereinigte die Jugend wieder im gleichen Rhythmus – diesmal auf Schlittschuhen. Traditionsgemäß tauschten die Droschken jetzt

ihre Räder gegen Kufen aus, und die Kutscher, dick ver-
mummt, trieben ihre kleinen finnischen Pferdchen in rasen-
der Fahrt die Quais entlang. Auch dabei, so wird erzählt,
konnte es Elsa Brändström nicht schnell genug gehen. Sie
spornte das eigentlich magere, wegen des Prestiges seiner
Herrschaft auch sommertags ausgestopfte Männchen Petroff
auf dem Kutschbock zu immer größerem Tempo an; denn
entweder ging es zu den »montagnes russes«, dem beliebten
Treffpunkt vor den Toren der Stadt, oder zu einer Abend-
unterhaltung, die mit oder ohne Karten, mit oder ohne
Tanzmusik interessant zu werden versprach. Die Equipagen
der Diplomaten genossen im zaristischen Petersburg übrigens Vorfahrtsrecht, ein Umstand, der Elsa Brändström von
Anfang an verwundert hat.

Zu den Dokumenten, die uns aus jener versunkenen
Epoche überliefert sind, gehören neben politischen Beobachtungen und Börsenberichten Programmzettel der Theater, Rennergebnisse und Gesellschaftsnachrichten. So läßt
sich fast rekonstruieren, wo die lebenshungrige Gesandtentochter ihre Teestunden und Abende verbracht hat. Es ist
stets die gleiche Szenerie, überwölbt vom Zarenwappen mit
dem russischen Adler: die Loge, in der man sich traf, um
Tschaikowskis Opern zu lauschen – sie spielten immer in
Petersburg und endeten traurig – das »Marinski« mit seinen
weltberühmten Primaballerinen, der Narodny Dom, wenn
dort Schaljapin sang, der Weihnachtszirkus unter mächtiger
Kuppel, der Englische Klub, Paläste und Botschaften mit
ihren von Säulen gehaltenen Ballsälen.

Diese hauptstädtische Gesellschaft war damals eine der
internationalsten in Europa. Es gehörten ihr neben der
weitversippten russischen Aristokratie Wissenschaftler und
Künstler aus aller Welt an, dazu viele ausländische Industrielle, die in dem aufblühenden Hafen- und Handelszen-
trum ganz neue Wirtschaftszweige angesiedelt hatten. Die
schwedische und die deutsche Kolonie waren besonders

groß. Bei der Mehrzahl der Einladungen herrschten entsprechend westeuropäische Gepflogenheiten. Elsa Brändström wurde aber auch oft zu Vergnügungen gebeten, wo die russische Komponente überwog. Dank Gogols, Dostojewskis und Tolstois meisterhaften Darstellungen kennen wir solche Abende gut; auch zu Beginn des neuen Jahrhunderts hat sich diese teils stutzerhafte, teils barbarisch-wilde Gesellschaft nicht geändert. Sie pflegte kaum Ruhe zu geben, bis im Morgengrauen unter Zigeunermusik, die sich damals jeder bessere Gastgeber leistete, die große Verbrüderung stattfand und den Damen ganze Rosenhecken zur Erinnerung an ein gelungenes Fest überreicht wurden. Elsa Brändström hat sehr hübsch von dieser orientalischen Verschwendung erzählt. Während eines Diners, bei dem der Tisch mit schönstem Sèvres gedeckt war, brach die Tafel aus ungeklärtem Grund – wahrscheinlich wegen der Fülle des Gebotenen – plötzlich zusammen. Das unbezahlbare Service wurde in Scherben weggeräumt, wobei die Stimmung der Gäste nur stieg. Nach kurzer Zeit war der Tisch für größeren Nachschub standfest gemacht worden, und die Diener trugen einen neuen, ebenso kostbaren Sèvres-Satz herein. »Die Frage, ob es sich bei dieser Verzögerung um bedauerliches Mißgeschick gehandelt haben könnte, wurde nicht einmal erwogen. Es gab nur zwei Möglichkeiten: entweder war alles allein zur Belustigung der Gesellschaft arrangiert worden, oder die sehr reichen russischen Veranstalter wollten zeigen, über wieviel französisches Porzellan ihre Schränke verfügten.« Wenn Elsa Brändström in jeder Gesellschaft auffiel, weil sie, zur Selbstbeobachtung nicht begabt, sich natürlich und frisch gab, muß sie in solchen Zirkeln wie jemand von einem anderen Stern erschienen sein. Der schon erwähnte russische Diplomat, dem das »Helle und Kühle« als einzigartig an ihr erschienen war, endete seinen Kommentar: »Wäre ich poetisch veranlagt, so würde ich sie mit den weißen nordischen Sommernächten vergleichen. Aber das stimmt nicht: es gab nichts sehnsüchtig Verträumtes an ihr.«

Nein, das gab es trotz aller Ballseligkeit wohl nicht. Die schwedische Diplomatentochter mußte auf manche glöck-chenklingende Troika-Ausfahrt verzichten, weil ihre Mutter den Pflichten des Haushalts immer weniger nachkommen konnte und sich vertreten ließ. Beide Eltern liebten Menschen sehr; so ging man in der schwedischen Gesandtschaft aus und ein, bewirtet von der artigen Tochter.

Zu den historisch interessanten Gästen zählte Stolypin, gefürchtet wegen der vielen Schnellgerichte, die er in Rußland einführte, andererseits aber auch wegen der gemäßigten Agrarreform unvergessen, nach dem Urteil vieler Historiker »der beste Ministerpräsident, den Rußland jemals hatte«. Dieser furchtlose Provinzler, der frischen Wind in die sterile Politik des Zaren zu bringen versuchte, gefiel Edvard Brändström. Er bewunderte seinen Mut, den allmächtigen Rasputin 1911 aus der Stadt Petersburg zu verweisen, eine Maßnahme, der der unerbittliche Haß Alexandras folgte. »Erwähnen Sie mir gegenüber niemals diesen Mann«, hat sie später gesagt, »er überschattete den Zaren.« Auch die Linke fürchtete ihn, weil seine Bodenreform ihre Propaganda untergrub. Stolypins Ende ist besonders grausam und wirft ein Licht auf die schon geschilderte Verfassung dieser Gesellschaft. Dem ersten Attentat 1906 war er entgangen. Es hatte in seinem Haus 32 Menschen getötet und 22, darunter Tochter und Sohn, schwer verletzt. Beim Staatsbesuch des Zaren in Kiew im Dezember 1911 gehörte der Ministerpräsident zur Begleitung. Während der Pause einer Aufführung von Rimskij-Korssakows »Zar Saltan« schoß der Terrorist Bogrow auf Stolypin. Es entstand ein kurzer Tumult, und der Bühnenvorhang ging erneut hoch. Nikolaus II. schrieb über diese Szene später an seine Mutter: »Dann füllte sich das Theater wieder, die Nationalhymne wurde gesungen, und ich ging mit den Mädchen (seinen beiden ältesten Töchtern) erst um elf Uhr weg. Du kannst Dir denken, mit welchen Gefühlen.« Auch in Elsa Brändströms Brief aus Kiew 1929 wird nach der Schilderung des Opernhauses noch einmal dieser Abend heraufbeschworen.

Sehr viel häufiger hat die Schwedin sich wohl eines anderen Gastes der Gesandtschaft erinnert. Als Graf Sergius Witte an Brändströms Kamin saß, war er politisch längst ausgeschaltet und nur mehr ein grollender Beobachter der Entwicklung. Zu den Verdiensten des ehemaligen Verkehrs-, Finanz- und schließlich Premierministers zählte die enge Verknüpfung seines Landes mit dem europäischen Wirtschafts- und Zahlungssystem, das Aushandeln glimpflicher Bedingungen nach dem verlorenen Russisch-Japanischen Krieg 1905. Elsa Brändström war ihm später jedoch einer anderen Leistung wegen dankbar. Witte hatte 1891 den Bau der transsibirischen Eisenbahn zur Erschließung der östlichen Landesteile angeordnet und geleitet. Dieses Verkehrsmittel half der Rot-Kreuz-Schwester im Krieg, Liebesgaben für Gefangene bis zum Fernen Osten zu transportieren, und Fridtjof Nansen bei der Heimführung von Hunderttausenden.

Als interessante Namen im Gästebuch der schwedischen Gesandtschaft seien noch der Außenminister Iswolsky genannt – in seine Ära war 1908 die Annexion Bosniens und der Herzegowina durch Österreich gefallen, ein Ereignis, das Anna Brändström heftig erregt und erzürnt hatte – ferner der russische Außenminister Sasonow und der letzte Ministerpräsident des Zaren, Goremykin, dem geschichtlichen Urteil nach nur ein »Butler« und Befehlsempfänger. Hinzu kamen die europäischen Diplomaten-Kollegen des Vaters, Wissenschaftler und Industrielle, optimistische oder sorgenvolle Gesichter, eine Revue vom Glanz und Elend der letzten Friedensjahre.

Wir haben ihnen mehr Raum gewährt, als es in der Literatur über Elsa Brändström Usus ist, weil diese Biographie ihr ganzes Leben erzählen möchte, nicht nur die Epochen öffentlicher Tätigkeit. Es galt auch, deutlich zu machen, was die Schwedin gewußt oder geahnt haben muß und welchen Bereich sie aufgab, als im Nikolai-Hospital in Petersburg ihr Dasein jene oftmals berichtete, anscheinend schroffe Wendung zum Dienst an Anderen nahm. Wir glauben, daß sie längst vorbereitet war. Es gibt ein Foto der Gesandtentochter aus dieser Zeit (mit den üblichen Grünpflanzen, Gummibaum und Zimmerpalme, im Hintergrund), wo die sehr elegant Gekleidete merkwürdig nachdenklich dreinblickt. Ihre Freundin Elsa Björkman bestätigt unsere Meinung: »Sah es so aus, als ob die in allen Zirkeln wegen ihres Frohsinns geschätzte Tänzerin nur dem Wellenschaum des Augenblicks lebte, der funkelnd und wirbelnd einen Abend unvergeßlich machte, so finde ich zu meinem Erstaunen ganz andere Aufzeichnungen im Tagebuch.« Dort heißt es nämlich: »Die Gefahr in meinem Leben hat darin gelegen, daß ich mich horizontal entwickelte und Angst hatte, der Entwicklung in vertikaler Richtung zu folgen, zu der ich mich hingezogen fühlte ...«

Als weitere Kronzeugin darf die erste Frau unter den Nobelpreisträgern, Selma Lagerlöf, zitiert werden. Bei ihrer Aufnahme in die Schwedische Akademie sagte sie: »Eines Tages ging ich aus, die Stadt (Petersburg ist gemeint), ihre Bazare und Kirchen kennenzulernen. Es führte mich eine schwedische Dame: jung, blond, schön, vom edelsten nordischen Typ. Ich wußte von ihr, daß sie ein glückliches Heim hatte. Und weil sie zu den höchsten Gesellschaftskreisen gehörte, konnte ich mir denken, daß ihr Leben sozusagen ein Tanz auf Rosen war. Unterwegs aber begann diese junge Landsmännin von ihrer Sehnsucht zu sprechen, das unbefriedigende Vergnügungsleben zu verlassen, sich in eine ernste Arbeit voller Anforderungen zu stürzen und ihre Gaben einsetzen zu dürfen, um etwas aus eigener Kraft zu werden. Es schien indessen, als ob ihr Weg zu diesem Ziel durch das Übermaß von Glück, in dem sie lebte, versperrt würde.«

Zu den Äußerungen Elsa Brändströms aus dieser Zeit gehört das Wort: »Als Russin hätte ich mich gewiß zu den Revolutionären bekannt!« Wenn ihr Augenmerk zuerst darauf gerichtet sein mußte, das eigene Land gut repräsentieren zu helfen, so konnten ihr doch viele Mißstände nicht entgehen. Dazu zählten die Lebensbedingungen der Dienstboten. Es war selbstverständlich, daß Kutscher auch bei 40 Grad Kälte geduldig auf dem Bock der Equipagen ausharren mußten, bis das Fest im Morgengrauen endete; daß die Wohnungen im Wyborger Bezirk, kaum mehr als elende Verschläge, in einem Raum mehrere Familien bargen und Kreidestriche die einzelnen Häuslichkeiten abgrenzten. Damals gab es in Petersburg unter 250 000 »Proletariern« etwa 94 000 Arbeitslose, im weiten Reich unter den Acht- bis Elfjährigen weniger als 50 Prozent, denen eine Grundschulbildung offenstand. Die »Duma«, das russische Parlament, existierte nur zum Schein; ein in konstitutionellen Monarchien längst selbstverständliches Pressewesen ohne Zensur war hier undenkbar. Trotz aller Spezialisierung der Staatspolizei, ihre Maschinerie lautlos, im Schutz der Nacht arbeiten zu lassen, konnten Deportationen und Hausdurchsuchungen doch nicht ganz verheimlicht werden. Man versteht, wie solche Beobachtungen und Nachrichten Elsa Brändström empört haben müssen. Noch in ihren 1929 aus Rußland geschriebenen Briefen ist die Hochachtung für Menschen ihrer Kreise zu spüren, die schon früh überzeugte Kommunisten geworden sind.

Sucht man unter den vielen, sich gegenseitig befeindenden revolutionären Richtungen im Zarenreich eine Gestalt, die mit Elsa Brändström vergleichbar erscheint – Frauen machten keinen geringen Prozentsatz bei diesen Befreiungsversuchen aus – so bietet sich vielleicht der Name Wera Figner an. Sie war, als die Schwedin in Petersburg eintraf, 1908 nach zwanzigjähriger Haft in der Festung Schlüsselburg gerade ins Ausland entkommen, einer der lautersten Charaktere der russischen Untergrundbewegung, voll glühenden Eifers und leidenschaftlicher Hingabe. Die Parole, der sie folgte, nämlich »ins Volk« zu gehen, das heißt zu den fünfzig Millionen analphabetischer Bauern, wird von der heutigen sowjetischen Geschichtsschreibung ebenso gering geschätzt wie die ganze Richtung dieser Frühsozialisten. Mit Elsa Brändström teilt die russische Revolutionärin ihre Herkunft aus dem Großbürgertum, ihre Bereitschaft, Karriere, Familie, persönliches Glück zu verlassen – als eine der ersten Frauen hatte sie sich Zugang zur Universität verschafft – Emigration und Erfahrungen mit dem Elend, die die schwedische Gesandtentochter im gleichen Land, unter anderen Vorzeichen freilich, machen sollte. In Wera Figners Buch »Nacht über Rußland«, 1926 in Berlin erschienen und von Elsa Brändström während langer Nachtfahrten im Transsibirien-Expreß 1929 gelesen, heißt es: »Ich trat die Erfüllung meiner Pflichten an. Achtzehn Tage im Monat war ich auf Reisen in Dörfern und Flecken. Ich stieg gewöhnlich in Herbergen ab ... Im Nu füllten 30 bis 40 Patienten das Zimmer ... Es war unmöglich, angesichts dieser Kranken gleichgültig zu bleiben. Schmutziges, ausgemergeltes Volk, die Krankheiten alle verschleppt, bei den Erwachsenen meist Rheumatismus, Kopfschmerzen oft seit 15 Jahren, fast bei allen Hautkrankheiten, unheilbare Magen- und Darmkatarrhe, Bruströcheln, mehrere Schritte weit vernehmbar, Syphilis bei Leuten jeglichen Alters, Geschwüre und Eiterbeulen ohne Ende. Man faßte sich an den Kopf: ist das das Leben von Menschen oder von Tieren? Wo ist ein Ende dieser Not? Welch eine Heuchelei waren alle Arzneien angesichts dieser grauenvollen Zustände? Ist unter diesen Umständen auch nur der Gedanke an Protest möglich? Ist es nicht Ironie, diesem Volke, das von seiner physischen Not ganz zu Boden gedrückt ist, von Widerstand und Kampf zu reden? Drei Monate sah ich tagtäglich ein und dasselbe Bild. Diese drei Monate waren für mich eine schwere Prüfung. Der Einblick in das materielle Leben des Volkes war erschütternd. In seine Seele konnte ich keinen Einblick gewinnen. Ich habe nie den Mund geöffnet, um Propaganda zu machen ...«

Wieviel glücklicher lagen die Verhältnisse in Schweden, wo ein nicht mehr vom Gottesgnadentum sondern von moderner Einsicht geprägtes Königshaus regierte. Hier wurde der bäuerlichen Bevölkerung schon eine Volkshochschulbildung angeboten. Elsa Brändström hatte also kein Motiv, wenn sie nach einer anstrengenden Ballsaison in die Heimat fuhr, dort revolutionäre Ideen zu verbreiten. Sie war ja nicht Russin. Es gibt eine Episode, von Anna Warburg erzählt, die zwar erst zwanzig Jahre später in Hamburg spielt, die jedoch in diesem Zusammenhang berichtet werden soll. Denn sie wirft ein Licht auf Gefühle, die im Leben Wera Figners undenkbar gewesen wären. Das russische Kaiserhaus bestand zu diesem Zeitpunkt nicht mehr.

»Wir fuhren auf den Kösterberg«, erinnert sich die Landsmännin, »und unterwegs kaufte ich Elsa eine schwedische Zeitung. Da entdeckte sie, daß der König Geburtstag hatte, und sehr aufgeregt überlegte sie sofort, was jetzt zu tun sei; das schwedische Königspaar habe sie immer außerordentlich nett behandelt. Rasch entschlossen ging Elsa dann in die kleine Blankeneser Post. Wir haben lange draußen gewartet, Professor Ulich und ich. Endlich kam sie lachend heraus und erzählte, warum es nicht schneller gegangen sei. ›Aber der Postbeamte wollte nicht verstehen, daß ich Seine Majestät gesagt hatte, und als er schließlich begriff, war er so beeindruckt. Ich mußte jedes Wort des Telegramms buchstabieren, und er schrieb mit zitternden Fingern. Entschuldigt! Ich wollte aber doch dem Königspaar zeigen, daß auch eine Sozialistin treu sein kann.‹«

»Es war an einem wunderbaren heißen Julitag. Die Welt duftete nach verblühenden Linden, Rosen und frischem Heu. Bienen summten um den Tisch. Wir hatten unsern Tee getrunken und warteten auf die Post. Statt Briefen brachte der Hausknecht den Befehl, alle Pferde zwecks tierärztlicher Untersuchung nach Kamenka zu führen. Seltsamerweise wurde uns aber auch hierbei nicht klar, daß der Krieg nun endgültig begonnen hatte.« So unvorbereitet hat Fedor Stepun den Anfang auf einem Landgut bei Moskau erlebt. Menschen, die damals in Petersburg waren, entsinnen sich einer gewissen Schwüle und einer Stimmung apathischer Furcht, als Nikolaus II. am 31. Juli 1914 die allgemeine Mobilmachung für sein großes Reich anordnete und als am nächsten Tage schon die deutsche Kriegserklärung an Rußland im Winterpalais überreicht wurde. Panikartig verließen während dieser Stunden viele reiche Zarenuntertanen ihre bevorzugten deutschen Bäder: in Pyrmont und Homburg vor der Höhe sollen die Promenaden merklich leer geworden sein.

Elsa Brändström weilte auf einem englischen Landgut bei Freunden. Auch sie rief man telegraphisch sogleich zurück. Als ihr übersetztes Schiff in Schweden landete, waren bereits die kriegerischen Anfangsformalitäten zwischen Deutschland und Frankreich, zwischen Großbritannien und Deutschland erledigt; als sie mit der Eisenbahn in ihrer Geburtsstadt eintraf, hieß diese nicht mehr Petersburg. Nationale Begeisterung hatte den Namen sogleich zu Petrograd russifiziert. (Wenn man sich heute um Informationen an eine Freundin Elsa Brändströms nach Sankt Petersburg wendet, so geht der Brief über den Atlantik: denn dieser Ort liegt in Florida.) Nikolaus hatte am 2. August den Eid seines Vorgängers zur Zeit von Napoleons Einmarsch wiederholt, daß er keinen Frieden machen werde, bis nicht der letzte feindliche Soldat von russischem Boden vertrieben sei, und das Volk hatte, ergriffen wie nie zuvor, kniend die Hymne gesungen »Gott schütze den Zaren«. Am 6. August erklärte auch Österreich-Ungarn den Krieg an Rußland.

»Ein furchtbares Unternehmen begann. Der Weltkrieg war entbrannt, und die Schicksalsstunde für Millionen und Abermillionen hatte geschlagen.« So steht es im ersten Abschnitt von Elsa Brändströms dokumentarischem Bericht, den wir für die folgenden sechs Jahre ihres Lebens zu Rate ziehen, in allem was er sagt und verschweigt.

»Der Krieg war in Rußland niemals populär, nur den leitenden Kreisen von 1914 und teilweise den Beamten war er willkommen. Die Militär- und Zivilbehörden, das Rote Kreuz und das Sanitätswesen wurden förmlich von jungen Männern bestürmt, die einen Vorwand suchten, um vom Frontdienst befreit zu werden; selbst die Stäbe waren mit Offizieren überfüllt, denen es durch Verbindungen oder Geld geglückt war, an ihre Plätze zu gelangen.« Mit dieser Feststellung hat Elsa Brändström die Situation nach der rasch abklingenden nationalen Welle treffend charakterisiert. Der schon erwähnte Graf Sergius Witte eilte durch Petrograd und beschwor Ministerien und Stäbe, diesen Wahnsinn zu stoppen, weil er in einer Revolution enden würde. Unter den russischen Bauern aber breitete sich rasch die Grundstimmung der östlichen Seele wieder aus, Schwermut und Fatalismus. Viele wußten, daß der Kriegsminister damit prahlte, seit 25 Jahren kein militärisches Handbuch mehr gelesen zu haben, daß er für seine verschwenderische Frau unendlich viele Rubel brauchte, die aus Bestechungen von Heereslieferanten und »möglicherweise aus dem Verkauf von Informationen an die Deutschen« flossen. Manche ahnten, wie schlecht das Agrarland mit Waffen, Munition, Transportmitteln ausgerüstet war und wie die Verbündeten, zur Entlastung ihrer eigenen Front, russische Angriffe forderten. Die meisten Zarenuntertanen dachten nicht so weit. Für sie hieß Krieg Trennung von der Familie und einem geliebten kleinen Stückchen Land, Auslieferung an eine Disziplin, die Soldaten ohne Erlaubnis der Offiziere das Fahren in Straßenbahnen, das Essen in Restaurants, das Lesen von Büchern und Zeitungen und Theaterbesuche nicht gestattete. »Erfreut, es zu versuchen, Eure Exzellenz«, lautete die korrekte Antwort auf Befehle. Auspeitschen war noch ein Strafmaß dieser Armee. Kein Wunder, daß Etappenposten begehrt wurden und die Korruption blühte. Schon in Friedenszeiten hatte man in den Petersburger Botschaften gern das Wort zitiert: »In Deutschland ist alles verboten, was nicht ausdrücklich erlaubt ist; in England ist alles erlaubt, worüber kein direktes Verbot vorliegt; in Rußland aber ist alles erlaubt, auch wenn man es strikt untersagt hat.«

Trotz solcher Zustände begann die russische Walze zu rollen. Bald standen 14,5 Millionen Soldaten an der Ostfront auf 1300 km Länge 160 Divisionen der Mittelmächte gegenüber. Nach den verlustreichen Schlachten bei Tannenberg und an den Masurischen Seen im August und September 1914 trafen in Petrograd, dem Sammelpunkt für die nordwestliche Front, die ersten großen Verwundetentransporte ein. Sie wurden liebreich empfangen, nicht nur von Berufskrankenschwestern – »einfachen, aber gutherzigen Frauen«, wie Elsa Brändström schreibt – sondern auch von den Damen der Gesellschaft, denn noch gab es eine karitative Hochstimmung. Selbst die Kaiserin, jetzt manchmal im Rollstuhl, aber wie um Jahre verjüngt, interessierte sich für die Arbeit des Roten Kreuzes, und diesmal fand ihr Beispiel Nachahmung. Sie ist von der schwedischen Beobachterin sehr nüchtern gesehen worden: »Diese Damen waren oft die

Parodie der barmherzigen Schwester. Hauptsächlich beschäftigten sie sich damit, Kissen aufzuschütteln, den Verwundeten die Stirn zu trocknen oder ihr Haar zu kämmen. Hätten sie statt dessen ihre selbstgewählte Arbeit ernst genommen, so wären sie für ihre geduldigen russischen Soldaten unendlich segensreich gewesen. Aber als ihre Sensationslust gestillt war und die Beschäftigung den Reiz der Neuheit verlor, als die überfüllten Lazarette die furchtbare Wirklichkeit unverhüllt zeigten, da flohen diese Damen zu ihren Diners, ihren Bridgepartien und Tanzvergnügungen zurück.« So schrieb Elsa Brändström 1921. Die geschilderte Situation bezieht sich jedoch auf den Herbst 1914, auf eine Zeit, als Diners, Bridgepartien und Tanzvergnügungen noch zu ihrem eigenen Tageslauf hätten gehören können; sie waren ja das Hauptprogramm der Diplomatentochter lange gewesen und rissen in Petrograd vorerst nicht ab. Selbst am Tage der Februarrevolution 1917, als die Masse demonstrierend durch die Straßen zog, schien den Abendgästen in der französischen Botschaft nach Paléologues Bericht die wichtigste Frage zu sein, welcher der drei Primaballerinen des Marinski-Theaters die Palme gebühre. Elsa Brändström dagegen erinnert sich dieses gesellschaftlichen Rahmens nur mehr wie einer fernen Welt. Es muß inzwischen etwas Wesentliches geschehen sein.

Daß sie sich zusammen mit ihrer Freundin Ethel von Heidenstam, der Frau des schwedischen Legationsrats, sogleich zu einem Krankenpflege-Kurs gemeldet hatte, entsprach dem allgemeinen Brauch ihrer Kreise. Nur das Foto im großen Hut, die Tagebucheintragung und die Bemerkung zu Selma Lagerlöf deuten bei dieser Entscheidung auf mehr als den vorletzten Ernst. In der Tracht eines Ordens, dessen Patron der Ostkirche »Erzmärtyrer und Siegbringer« ist, widmete sich Elsa Brändström jetzt russischen Verwundeten, und das erste Bild schon zeigt unter der St. Georgs-Haube wieder ein fröhliches Gesicht, die gelösten Züge jemandes, der sich richtig beschäftigt weiß. Die schwedische Kolonie hatte zur raschen Versorgung der in Petrograds Hospitälern kaum mehr unterzubringenden Verletzten ein kleines Lazarett eingerichtet. Dorthin holten die beiden Freundinnen täglich aus den großen Krankenhäusern Soldaten, die nur ambulant behandelt zu werden brauchten. Und dabei kam es zu der in keinem Bericht über Elsa Brändström fehlenden Begegnung mit der anderen Seite. Diese Szene wird besonders aus deutscher Sicht gern sehr ausführlich und geradezu dramatisch erzählt. Tatsächlich hat sie auch den Ausschlag gegeben für eine Sorge, die länger als das Morden dauerte. Fünfzehn Lebensjahre der Schwedin stehen ganz in ihrem Zeichen. Hören wir den authentischen Bericht vom Anfang. Elsa Brändström erhebt dabei ihre Stimme nicht: »Von der nordwestlichen Front gingen die Sanitätszüge nach Petersburg. [Sie bleibt noch bei dem ihr liebgewordenen alten Namen.] Die Kriegsgefangenen, die dorthin kamen, wurden alle in einem großen Lazarett, dem Nikolaihospital, untergebracht, wo sie, abgesondert von den Russen, in einer Abteilung für sich lagen. Die Verhältnisse in diesem Krankenhaus waren relativ gut, hingen aber von der politischen Stimmung ab, weshalb die Gefangenen weder dem Haß nach russischen Niederlagen noch einem gewissen Wohlwollen nach russischen Siegen entgehen konnten. Hier kam ich im Herbst 1914 zum erstenmal mit Kriegsgefangenen in Berührung. Bei einem Besuch des Nikolaihospitals mit Frau von Heidenstam führte uns der Chefarzt durch das riesige Krankenhaus, in dem 4000 Verwundete lagen. Als wir durch alle russischen Abteilungen gegangen waren, fragte er uns lachend, ob wir auch die ›Menagerie‹ sehen wollten – das war die Gefangenen-Abteilung! Wir gingen dorthin, und dieser erste Eindruck, den ich von Kriegsgefangenen erhielt, hat sich in den folgenden fünfeinhalb Jahren meiner Arbeit unter ihnen nur mehr und mehr befestigt. Aus den Sälen mit russischen Verwundeten, die ein beklemmendes Gefühl hervorriefen, kamen wir in die ›Menagerie‹. Die Gefangenen lagen hier unter schlechteren Verhältnissen als die Russen, es schlug uns aber eine Welle von zielbewußtem Willen, von Kraft und Zusammenhalt entgegen, die scharf gegen das erdrückende Gefühl der Hilflosigkeit bei den russischen Verwundeten abstach. Man mußte sich unwillkürlich fragen, woher diese Kraft bei Menschen kam, die gefangen mit dem Tode rangen. Sie strömte aus der inneren Kraftquelle hochstehender Kulturvölker, die den Menschen über seine Umgebung emporhebt.«

Mit dieser Schlußfolgerung, die man teilen mag oder nicht, zeigt Elsa Brändström ihren auch durch schwere Erfahrungen in Sibirien nicht verlorenen Glauben an die Haltbarkeit eines gemeinsamen kulturellen Erbes und seine Prägekraft. Es ist der noble Glaube des gebildeten europäischen Bürgers ihrer Zeit. Und wenn an diesem Punkt der Lebenserzählung gern als zusätzliches Motiv für das nun beginnende Werk an Kriegsgefangenen – denen auch ihr einziges Buch und seine Widmung gilt – das »germanisch Verbindende« genannt wird, so ist zu sagen: im Rechenschaftsbericht steht davon nichts; zu den Mittelmächten gehörten außer Deutschen und Deutsch-Österreichern slawische und magyarische Volksteile der Donaumonarchie, außerdem Bulgaren und Türken. Allen hat die neutrale Schwedin gleiche Hilfe geleistet. Liest man in ihrem Buch, wie sie zur Erklärung der Zustände in vielen Gefangenenlagern zunächst die russische Mentalität schildert, so tritt bei sehr unterschiedlichen Charakterzügen vor allem das fremde östliche Element hervor, ein Gegensatz zur abendländischen Kultur, »die ihm Peter der Große aufzwang«. Elsa Brändström betont immer die außereuropäischen Züge ihres Gastlandes, das sie im übrigen sehr geliebt hat. Und damit begründet sie mehr als einmal den oben erwähnten schroffen Kontrast, der aber eben nicht rassisch sondern kulturell unterbaut wird: hie Europa – dort Asien. Nach der Besichtigung eines sanitär-pädagogischen Instituts in Kiew 1929 heißt es in ihrem Brief an die Oberin Üxküll: »Amüsant war zu hören, wie sehr ihre neue Pädagogik die biologischen Momente hinter die Milieu- und Atmosphäre-Momente zurückstellt, was mir unendlich zusagt.« Zugesagt haben ihr zeitlebens Mut und Entschlossenheit, eine schlimme Situation zu überstehen. Das war dem Herzen dieser Frau gemäß, und sie freute sich daran, ohne nach den Quellen solcher Tugenden zu fragen. Auch den Ursprung ihrer eigenen Kraft scheint sie wenig erforscht zu haben.

Zweifellos war Elsa Brändström deutschfreundlich. In der mütterlichen Linie besaß sie sogar einen fernen deutschen Vorfahren: Johan Daniel Koch, 1742 zu Goslar geboren, später Bürgermeister von Hamburg. Auf ihn hat sie sich zumindest einmal berufen; während der zwanziger Jahre nämlich, als sie zwei Kinder adoptieren wollte und dazu eigens nach Hamburg fuhr, dem hansischen Urahn zuliebe. Von General Brändström ist das Wort überliefert: »Man muß das deutsche Volk schon sehr schätzen, wenn man seine täppische Politik und Propaganda ertragen will.« Der Gesandte hielt es mit Bismarck, er empfand wenig Sympathie für den Kaiser, den er als Adjutant seines Königs einmal in Berlin gesehen hatte. Doch jetzt ging es nicht um verpaßte Ostchancen des Hohenzollern und seiner Berater, sondern um Kriegsgefangene in Not – ihnen galt von Anfang an auch die Sorge des neutralen Diplomaten.

Für seine Tochter aber war der erste Gang durch die deutsche Lazarett-Abteilung des Nikolaihospitals ein tief markierendes Ereignis. Sie sah Verlassene im Feindesland, und sie spürte den Willen, nicht aufzugeben. Noch dem russischen St.-Georgs-Orden angehörend und russische Verwundete im Lazarett ihrer schwedischen Kolonie betreuend, gehörten jetzt die Gedanken der »Menagerie« des offenbar dummen oder grausamen Chefarztes. Und Gedanken allein genügten kaum; denn schon im Herbst 1914 begann der

Abtransport halbwegs ausgeheilter Soldaten nach Sibirien, in jenes unvorstellbar ferne asiatische Land, das selbst für Russen nur Verbannung geheißen hatte seit langer Zeit. Elsa Brändström kannte es aus Dostojewskis Schilderungen und vielleicht noch als Schreck aus Ammenerzählungen. Mit der nüchternen Vision, die ihr schon als Sechsundzwanzigjährigen eigen war, konnte sie diese Literatur in Realität ummünzen und ermessen, was es hieß, in zerschlissener Uniform, mangelhafter Unterwäsche, dünnen Stiefeln, oft ohne Mütze und Handschuhe in solche Winter geschickt zu werden. Die Vorstellung genügte, einen Schlußstrich zu ziehen unter alle eleganten Nichtigkeiten Petrograds, unter Diners, Bridgepartien und Tanzvergnügungen. Das bunte Leben der Hauptstadt mit seinen ordengeschmückten Großfürsten, seinen drahtigen Kosaken, am Stab wandernden bärtigen Popen, den flinken Troika-Kutschern, den pelzverbrämten Komtessen und den Muschiks im Blusenhemd – alles war plötzlich ausgelöscht. Petersburg gewann für die dort Geborene eine neue Bedeutung, nämlich Ausgangspunkt jener schnurgeraden, endlosen Eisenbahnstrecke zu sein, die nach Sibirien führte. Das Wort der Freundin: »Ich habe selten einen Menschen gesehen, der so intensiv in der Gegenwart gelebt hat wie Elsa Brändström«, bewahrheitete sich auch jetzt wieder. Prinzessin Croy, österreichische Rotkreuz-Delegierte, sagte in ähnlicher Formulierung das gleiche: »Diese Frau kennt weder Vergangenheit noch Zukunft. Alles ist für sie Gegenwart, und die Gegenwart bedeutet Kriegsgefangene. Ihr ganzes Leben gehört den Kriegsgefangenen.«

Elsa Brändström selbst erzählt von ihrer Entscheidung, den Gefangenen zu helfen, ohne jedes Pathos, eher knapp und selbstverständlich: »In deutsch-russischen Kreisen in Petersburg wurden im Herbst 1914 große Mengen Kleider gesammelt, um die Gefangenen damit auszurüsten, bevor sie aus dem Nikolaihospital weiter östlich verschickt wurden.

Als diese Quellen versiegten, übernahmen Frau von Heidenstam und ich diese Arbeit, zu der wir aus Deutschland große Summen vom Staat und von einzelnen Personen erhielten, um die Kriegsgefangenen nach Möglichkeit zu unterstützen. Wir verteilten Rucksäcke mit folgendem Inhalt: zwei Hemden, zwei Paar Unterhosen, zwei Paar Strümpfe, Sweater, Handschuhe, Pulswärmer, Nansenkappe, Schal, Taschentücher, Hosenträger, Filzschuhe, Seife, Löffel und Eßschale, Zahnbürste, Kamm, ein Paket Nähzeug mit Nadeln und Knöpfen, Insektenpulver usw. Jeder Gefangene, der aus dem Nikolaihospital weitergeschickt wurde, erhielt vor der Abreise eine solche Ausrüstung. Die uns anvertrauten Mittel reichten auch, um die Ärzte mit Geld für Medikamente zu versehen und um einer gleichen Hilfsaktion in Moskau ganz bedeutende Summen zuzusenden.«

Dann gibt sie eine ausführliche Schilderung der beiden anderen großen Sammelzentren, Moskau und Kiew, läßt durch Episoden und umfassende statistische Zahlen die Wirklichkeit erschütternd zu den vorher bekannt gemachten Artikeln der Haager Konvention, die sich mit Kriegsgefangenen befassen, kontrastieren und versäumt nicht, die Sinnlosigkeit des ganzen Geschehens auf den richtigen Nenner zu bringen. »Wie sonderbar ähnlich sie uns sind!« finden russische Bauern, die von Propaganda und Schmähreden verhetzt, zum ersten Mal scheu an Gefangene heranrücken, »... und immer häufiger hörte man sie ihr Mitleid äußern: ›Das sind arme Teufel wie wir, die können auch nichts für den Krieg.‹ Die oft halbnackten Invaliden erweckten ihr Mitleid so stark, daß sie ihnen Essen, Zigaretten und sogar Kleider zusteckten. Aber die Wachmannschaft tat ihre Pflicht und trieb die Herandrängenden zurück.«

Es ist ein alter und vergeblicher Ruf, den die Bauern da in ukrainisch oder russisch oder in einer der Turksprachen des Ostens wiederholten. Politiker und Militärs hören selten hin, sie treiben Wachmannschaften zu traurigen Pflichten an. Dennoch hat diese Einsicht seit den Kriegen der Antike wohl Millionen hungernder, durstender, frierender Soldaten im Feindesland das Leben gerettet. Sie ist der Beginn des Roten Kreuzes. Das »sono tutti fratelli« – es sind ja alles Brüder – der lombardischen Bäuerinnen, die auf dem Schlachtfeld von Solferino Österreicher und Italiener pflegten, klingt über Henri Dunant bis zu uns.

Wenn wir Elsa Brändström in ihrem Buch wieder persönlich begegnen, trägt sie das Kleid des Schwedischen Roten Kreuzes, arbeitet sie im Lager Srjetensk, einer 7000 Einwohner zählenden Kosakenstadt östlich des Baikalsees. Es ist Weihnachten 1915. Von den großen Bemühungen des letzten Jahres fehlt jedes Wort. Aber auch während dieser Zeit lebte die Hilfsbereite »unter Kriegsgefangenen«. Sie reiste nach Moskau und Kiew, um die Situation der dortigen Lager kennenzulernen und um, vorerst ohne Erfolg, als russische Krankenschwester gegen die sinnlosen Verlegungen von einem Lazarett zum anderen zu protestieren. »Bei jeder Evakuierung bot sich dasselbe furchtbare Bild: Die Schwerverwundeten schrien und stöhnten, wenn die Sanitätsmannschaften sie für die Überführung ankleideten. Es gab unter ihnen Lahme und Hilflose, die die Wärter vor Schmutz und Gestank nicht berühren wollten. Aber sie mußten alle hinaus, wo sie im Winter stundenlang im Schnee auf die elektrische Bahn warteten. Es kam sogar vor, daß Scharen von Krüppeln mehrere Kilometer im Schnee krochen, um die Eisenbahn zu erreichen. Diese Evakuierungen gingen in der Regel in der Nacht vor sich. Ein russischer Offizier antwortete einmal auf die Frage nach der Ursache hiervon, daß es doch peinlich sei, der Bevölkerung zu zeigen, ›in welchem Zustand wir unsere Gefangenen herumschleppen‹. Worte sind zu schwach, um alle die Leiden zu schildern, die diese ständigen Verschickungen mit sich brachten.«

Von solchen und anderen Mißständen hatte Elsa Brändström Anfang 1915 Freunden in Berlin geschrieben. Ihr Name war nicht mehr unbekannt. Er besaß schon genug Kredit, die für Gefangenenfragen im Kriegsministerium Verantwortlichen aufhorchen zu lassen, als ihnen dieser Bericht vorgelegt wurde. Er bestätigte andere grauenvolle Schilderungen von Ausländern, die man bisher, sei es aus Unglaubwürdigkeit, sei es aus taktischen Gründen der Öffentlichkeit vorenthalten hatte. Jetzt ließ sich nichts mehr verschweigen. Die vom Deutschen Roten Kreuz bereits aufgenommenen Kontakte mit Elsa Brändström und Ethel von Heidenstam – sie gingen über den schwedischen Gesandten in Berlin, Graf Taube, an den schwedischen Gesandten in Petrograd, Edvard Brändström – wurden nun von allen offiziellen Seiten unterstützt. Man bat die beiden Damen dringend nach Berlin.

Diese Reise, bei den gegebenen Umständen wohl eine der unaufschiebbarsten, setzte jedoch noch manchen Brief, manches Telegramm auf höchster Ebene voraus. Erst nachdem die russische und die deutsche Regierung mit Hilfe der Schutzmächte, die ihre Interessen im anderen Land vertraten, einen Austausch schwerverwundeter Gefangener vereinbart hatten, konnte das Schwedische Rote Kreuz aktiv werden. Es organisierte den Lazaretttransport. Zur Begleitung des Zuges, der durch Schweden geführt wurde, gehörten die Schwestern Elsa Brändström und Frau von Heidenstam. In Frankfurt an der Oder, wo deutsche Stellen einen Teil der Waggons übernahmen, trennten sich die Beiden für kurze Zeit von der Reisegruppe. Sie besichtigten russische Gefangenenlager in mehreren deutschen Städten und fuhren dann eiligst nach Berlin. Dieser Abstecher gehörte nicht zum offiziellen Programm; er führte Proteste der Zugleitung herbei. Doch kümmerte es die beiden, die auf dem Kurfürstendamm ihrer russischen Schwesternkleidung wegen Aufsehen erregten, nicht. Unterstützt vom diplomatischen Vertreter ihres Heimatlandes, begannen sie sogleich brieflich längst geplante Verhandlungen mit Prinz Max von

Baden, dem deutschen Leiter der Kriegsgefangenen-Fürsorge. Dabei hieß es zunächst, ein Bild der russischen Realität zu geben, die geprägt war vom Mangel an allen Transportmitteln, Mangel an postalischer Organisation, durch eine unvorstellbare Anzahl von Dieben auf jeder Station. Private Sendungen an Gefangene hatten unter diesen Umständen wenig Aussicht, schnell oder überhaupt anzukommen. Man einigte sich rasch auf eine umfassende, vom Deutschen Roten Kreuz getragene Aktion. Der Rucksack, wie ihn Elsa Brändström in ihrem Buch schildert und wie er bereits an Tausende von verwundeten Soldaten vor der Fahrt nach Sibirien übergeben worden war, blieb das Modell wirksamster Hilfeleistung.

Die Berliner Verhandlungen vom August 1915 mußten vorerst geheim gehalten werden, so lag es in der Natur der Sache. Zwei Partner saßen nur illegal am Konferenztisch. Ihre Wirkung setzte jedoch sofort ein. Innerhalb der nächsten dreißig Tage wurde der Aufruf zur Paketaktion mit Geldspenden für mehr als hunderttausend Rucksäcke plus Inhalt beantwortet. Die Gebefreudigkeit war in allen Teilen Deutschlands spontan. Und während die beiden Krankenschwestern, die in Wien ihr vorgeschriebenes Zugabteil wieder bestiegen hatten, um den Rücktransport russischer Verwundeter in die Heimat zu geleiten, noch unterwegs waren, belud man in Berlin schon die ersten Waggons mit Winterausrüstungen für das ferne Sibirien.

Ein Blick auf den Kalender zeigte, wie sehr Eile geboten war. Doch wieder vergingen kostbare Wochen mit langwierigen Gesprächen, Vorschlägen und Kompromissen, und wieder vermittelte das Schwedische Rote Kreuz nach beiden Seiten. Sein Vorsitzender, Prinz Carl, brachte mit großem persönlichen Einsatz schließlich die Übereinkunft zustande: Schwedische Delegierte durften zunächst Liebesgaben aus Rußland an die Gefangenen in Deutschland und Österreich verteilen. Ihre Rückreise sollten sie dann mit dem in Berlin längst fahrbereiten Zug voller Rucksack-Spenden antreten. Am 8. Oktober 1915 wurde dieser Transport in Saßnitz auf die Eisenbahnfähre nach Trelleborg geschoben. Sein erstes Ziel hieß Petrograd.

Spricht Elsa Brändström von dieser Hilfsaktion nur mit einigen Zahlen, ohne ihre eigene Rolle dabei überhaupt zu erwähnen, so schildert sie ausführlich eine etwa gleichlaufende Entwicklung, in der das Dänische Rote Kreuz hervorragend mitwirkte. Wir zitieren sie in solcher Breite, um zu dokumentieren, wie sehr der 1921 gefeierten Frau daran lag, fremde Verdienste hervorzuheben. »Um die Lage ihrer Gefangenen zu unterstützen und vielleicht zu bessern, trafen sich die Wünsche beider kriegsführenden Gegner in dem Vorschlag, den der Präsident des Russischen Roten Kreuzes im Auftrage der Kaiserin-Witwe Maria Feodorowna im April 1915 dem Dänischen Roten Kreuz vorlegte. Danach sollten Delegierte des Dänischen Roten Kreuzes die Gefangenenlager in den betreffenden Ländern besichtigen, gegebenenfalls in Begleitung russischer, deutscher und österreichisch-ungarischer Schwestern und mit dem Recht, den Gefangenen Geld und Briefe zu überbringen. Das Dänische Rote Kreuz trat über diesen Plan mit den Roten Kreuzen und Militärbehörden in Petersburg, Berlin und Wien in Verhandlungen und brachte sie zu günstigem Abschlusse. Im September 1915 reisten sechs Delegierte des Dänischen Roten Kreuzes in Begleitung von drei deutschen und drei österreich-ungarischen Schwestern nach Rußland, um die Gefangenenlager zu besichtigen. Die Bedeutung dieser Delegationen kann nicht hoch genug eingeschätzt werden. Sie besteht nicht nur in der ausgezeichneten Auswahl der dänischen Herren, sondern vielleicht vor allem in den Persönlichkeiten der Schwestern, die in Berlin und Wien für diesen außerordentlich schwierigen Auftrag bestimmt wurden.

Während der Verhandlungen der Delegationen mit den Militärbehörden und dem Roten Kreuz in Petersburg legten die Russen eine Karte vor, auf der angeblich alle Gefangenenlager Rußlands verzeichnet sein sollten. Eine der deutschen Schwestern bemerkte, es gäbe viel mehr Lager in Rußland. Das bestritten die Russen auch nicht, nur konnten sie ihre Angaben im Augenblick nicht ergänzen. Die deutsche Schwester zeigte hierauf eine Karte des Hamburgischen Landesvereins vom Roten Kreuz mit mehreren Hundert Unterkunftsorten Gefangener, zu der ein Adressenverzeichnis in russischer Schrift gehörte, um den deutschen Angehörigen das Schreiben der russischen Adressen zu erleichtern. Jeder der anwesenden Russen hat bestürzt anerkennen müssen, daß man in Hamburg besser als im Roten Kreuz und Kriegsministerium in Petersburg darüber unterrichtet war, wo es Gefangene in Rußland gab.

Die in Rußland reisenden Delegationen erhielten trotz der großen Entfernungen nicht mehr Zeit als die Delegationen in Deutschland und Österreich-Ungarn, weswegen die Besuche auf die großen Lager beschränkt blieben und nie über einen bis zwei Tage ausgedehnt werden konnten. Im ganzen haben die sechs Delegationen 123 Lager mit 272 919 Österreichern und Ungarn und 47 953 Deutschen besichtigt. Während der Besuche haben die drei österreich-ungarischen Schwestern 4 500 000 österreichische Kronen und die drei deutschen Schwestern 1 235 000 Mark an die Gefangenen ihrer Nation verteilt.«

Außer dieser Hilfsaktion würdigt Elsa Brändström die Arbeit des Internationalen Roten Kreuzes, des amerikanischen YMCA (Christlicher Verein junger Männer), der seit dem Frühjahr 1915 bis zum Kriegseintritt der USA in russischen und sibirischen Gefangenenlagern Kirchen und Schulen einrichtete, Bücher verteilte, Sportartikel, Werkzeuge und Musikinstrumente spendete. Im Oktober 1915 waren 9 amerikanische Ärzte und 36 Schwestern nach Petrograd gekommen, um die Gefangenen zu versorgen. »Indessen bestimmte die russische Regierung nunmehr«, wie Elsa Brändström schreibt, »sie dürften den Gefangenen keine sanitäre Hilfe geben. In der Hoffnung auf eine Abänderung dieses Beschlusses reisten Mitglieder der Ambulanz gruppenweise nach Moskau, Kasan, Saratow, Orenburg, Taschkent, Omsk und Irkutsk. Eine Änderung des Beschlusses der russischen Regierung wurde nicht erreicht. All diese erstklassigen Sanitätspersonen saßen mit chirurgischen Ausrüstungen und großen Medikamenten-Vorräten untätig einige Kilometer von den Lagern entfernt, in denen die furchtbarsten Fleck-typhus-Epidemien wüteten ... Da für die Ärzte und Schwestern keine Möglichkeit bestand, zur Arbeit unter den Kranken zugelassen zu werden, reisten im Sommer 1916 alle Teilnehmer der Ambulanz ab. Die von Amerika gesandten Arzneimittel wurden gefangenen Ärzten in Sibirien geschenkt.«

Herzlich gedenkt Elsa Brändström auch der Hilfsaktion Frau von Hannekens in Tientsin, die bereits während des Boxeraufstandes ein hervorragendes Werk für die europäischen Truppen in China eingerichtet hatte. Jetzt interessierte sie vor allem Deutsche in China, Japan, der Südsee und Amerika für die Notlage der Gefangenen und sammelte im Laufe der vier Kriegsjahre etwa 3 Millionen Dollar. Der Arbeit der schwedischen Kronprinzessin Margarete, die Gefangene mit Material für Heimarbeiten versah und diese dann auf mehreren Bazaren in Stockholm verkaufte, gilt ein Kapitel des Buches. Und schließlich auch dem Wirken des Schwedischen Roten Kreuzes, zu dessen Delegation Elsa Brändström inzwischen gehörte. Vom Leser unbemerkt, haben die Frau des Legationsrates und die Tochter des Gesandten ihre Schwesterntracht gewechselt. Sie stehen bereit, den Liebesgaben-Transport nach Sibirien zu begleiten.

Als Edvard Brändström die Erlaubnis zu dieser Reise gab, wußte er, wie still es um ihn werden würde. Seine Frau hatte den Kriegsbeginn nicht mehr erlebt, betrauert von der Familie, dem Gesandtschaftspersonal und der großen

schwedischen Kolonie war ihre Asche 1913 in der birkenum-
säumten Gruft auf dem Nordfriedhof von Stockholm bei-
gesetzt worden, die heute Eltern und Kinder miteinander
vereint.

Für den General, der seiner russischen Umgebung nur
wenig Verständnis entgegenbringen konnte, hieß Elsas Entschluß Einsamkeit. Beide Söhne weilten in Skandinavien;
daß die von Verwundeten-Pflege und Gefangenen-Proble-
men beanspruchte Tochter wenigstens am Abend zu ihm
kam mit ihrem Lachen, ihrer verständnisvollen Intelligenz,
war jetzt die einzige Freude des alternden Mannes. Freiwillig über den Ural zu reisen, schien ihm und allen Freunden
der Gesandtschaft unzumutbar, abenteuerlich, reiner Wahnsinn. Frauen passierten diese Schreckensgrenze überhaupt
nur nach Gerichtsurteilen! Und nun wollte eine der bekann-
testen und beliebtesten Damen der Hauptstadt an fremde
Männer in der Eiswüste Pakete verteilen.

Es muß Edvard Brändström schwer gefallen sein, sich unter diesen Umständen von seiner einzigen Tochter zu trennen und das Wort zu sprechen: »Niemand kann einen Menschen hindern, das zu erfüllen, was er als seine Aufgabe an-
sieht.« Und die eben zur schwedischen Delegierten Ernannte
wird nicht leichtherzig weggefahren sein. Nach dem Tod
ihrer sehr geliebten Mutter hatte sie sich dem Vater wenn
möglich noch anhänglicher, noch herzlicher gewidmet. In
ihrem Buch spricht sie nicht von diesem Abschied; wir kennen aber den testamentarischen Brief, geschrieben vor der
ersten Sibirien-Reise, geöffnet erst kurz vor Elsa Brändströms Tod 1948: »Laßt Euch danken für das Leben, das
Ihr, Du und Mama, mir gegeben habt.« Elsa Björkman fand
damals in Cambridge dieses Blatt. »Und ich weiß noch«,
sagt sie, »daß ich dachte, es sei wohl selten für Eltern, solchen Dank zu bekommen. Auf jener Reise erkrankte Elsa an
Flecktyphus, und der Brief hätte wohl ›aktuell‹ werden können. Später, auf viel gefährlicheren Fahrten, vergaß sie gänz-

lich, Abschiedsbriefe zu schreiben. Sie konnte nicht einmal für ihren eventuellen Tod irgendein Interesse aufbringen. Es galt zu versuchen, so viele andere vom Tode zu erretten.« Das ist wahr. Tagebuchaufzeichnungen sagen aber auch, daß die Trennung vom Vater immer schwerer wurde.

Was Legationsrat von Heidenstam geäußert hat, als seine Frau um Urlaub ins Asiatische und zu »wilden Plennys« bat, wissen wir nicht. Beide Schwedinnen bestiegen jedenfalls am 22. Oktober 1915 in Petrograd an der Newa den Zug mit Spenden für Kriegsgefangene, dessen Ziel die sibirische General-Gouverneursstadt Irkutsk war. Eine weite Strecke, gefahren- und aufenthaltsreich. Hatte man einst beim Bau der erdteilverbindenden eingleisigen Bahn gejubelt, daß Moskau, Rußlands »Herz«, nur mehr acht Tage vom Stillen Ozean entfernt liege, so notiert Elsa Brändström jetzt: »Während der Fahrt entstanden immer Schwierigkeiten, weil Wagen ›warmliefen‹ oder aus anderem Grunde abgehängt werden sollten. Da es zu gewagt war, einen Wagen allein auf einer kleinen Station zurückzulassen, mußten die Begleiter oft tagelang mit dem ganzen Zug warten, bis ein neuer Waggon zur Verfügung stand, es sei denn, daß es ihnen vorher glückte, den ›kranken‹ Wagen gesund erklären zu lassen. Das kam öfter vor, sobald die Russen sahen, die Delegierten würden den Wagen doch nicht seinem Schicksal überlassen.«

Beides, die in Rußland sprichwörtliche Korruption und die Länge des Weges zeigt ein Blick auf Florence Nightingales Reiseroute. Am 21. Oktober 1854 startete sie mit 38 Pflegerinnen in London und erreichte am 4. November 1854 die Krim-Halbinsel. Der 1915 nur einen Tag später zu Petrograd in Bewegung gesetzte Zug kam dagegen erst am 11. November in einer Regierungs-Residenz des eigenen Landes an. Dieser Ankunft folgte unmittelbar die mit Elsa Brändströms Stimme beschwingte eilige Auslade-Aktion.

Beide Schwedinnen waren unermüdlich. »Das Fehlen des Ich-Gefühls«, sagt Frau Björkman, »half Elsa, sich in den Strapazen der großen Hilfsaktion mit Leichtigkeit zurechtzufinden. Im Brennpunkt der Ereignisse merkte sie kaum, ob sie gegessen oder geschlafen hatte oder ob, wie und wo dieses geschehen war. Wenn es notwendig wurde, konnte sie für ein paar Tage auf des Körpers Bedarf an Essen, Trinken und Schlaf verzichten. Doch war sie nicht asketisch. Wenn endlich Zeit übrig blieb zum Essen, dann aß sie gründlich, ohne etwas anderes zu denken, als daß dies eben geschehen mußte. Ich kann mich erinnern, daß ich einmal hindernd eingriff: ›Ach bitte, legen Sie ihr nicht die fünfte Portion vor, sie würde auch die aufessen.‹ Ihr Körper wurde ein gehorsames Instrument für die Aufgabe, die ihr gegeben worden war.« Über die oft mit Elsa Brändström verglichene große englische Wohltäterin schrieb deren Tante aus Skutari: »Fragen wie Nahrung, Ruhe, Temperatur hatten während der Arbeit gar keine Bedeutung für Florence Nightingale. Vielleicht gab ihr das ihre Überlegenheit über andere Menschen. Sie dachte nicht an diese Dinge, ihr Geist war von großen Themen ganz ausgefüllt; anderes nahm dann keinen Raum ein.«

Über den ersten Gütertransport heißt es im Buch der Schwedin lediglich, daß er von sechs Rote-Kreuz-Delegierten begleitet wurde und daß ihm bis 1918 vierzig Eisenbahnzüge mit 1016 Güterwagen gefolgt sind. Wir kennen die Mitreisenden: Außer den beiden Schwestern waren es ihre Landsleute Graf Stenbock, Pastor Wilhelm Sarwe, der Delegierte Zetterlöf und Ingenieur Karl Rasch. Daß Elsa Brändström dabei war, ist der einzigen größeren Landschaftsbeschreibung des Buches zu entnehmen. Auch dieser fehlen persönliche Impressionen, die Schreiberin will unterrichten und wiederum die Situation der Gefangenen erklären helfen: »Von Kiew durchfährt man zunächst die landwirtschaftlichen Gegenden Rußlands, die sich bis Moskau hinziehen und das ganze reiche Wolgagebiet mit seinen Äckern, Steppen und weiten Sonnenblumenfeldern umschließen. Nördlich und östlich von Moskau dehnt sich eine riesige Waldlandschaft aus, von magerem Flachland unterbrochen. Im Osten schließt sich das Uralgebirge und die Orenburger und südrussische Steppe an. Die russischen Landstädte bieten mit ihren vergoldeten Kirchenkuppeln aus der Ferne ein freundliches Bild. Beim Näherkommen gleichen die meisten von ihnen langgestreckten Dörfern ohne Gärten. Jenseits des Ural dehnt sich Westsibiriens unendliche Steppe. Sie erdrückt den Fremden durch ihre überwältigende Weite, bis ihr eigenartiger Zauber ihn schließlich gefangen nimmt. Sechs kurze Frühsommerwochen steht die Steppe in prangender Blütenpracht von Azaleen, Tulpen, Lilien, Nelken, Edelweiß und Orchideen. An den großen Flüssen ist das Land hügelig und die Vegetation abwechslungsreich. Beim Jenissei tritt die Bahn in ein waldiges Bergland ein, das von Tälern und Flachland unterbrochen wird und bis zum Baikalsee reicht. Hier zieht sich an der südlichen und östlichen Seite des Sees ein steiles Gebirge hin, das die Bahn in 46 Tunneln durchquert. Dieses Gebirge fällt nach Südosten zur mandschurischen Steppe ab, die längs der Küste des Stillen Ozeans in eine Hochebene übergeht. Die nördliche Bahnstrecke von Tschita über Blagowjeschtschensk durchläuft in ihrem Hauptteil unberührten Urwald ... Wochen und Monate rollten die Gefangenentransporte durch dieses unfaßlich große Land. Die zwischen strotzender Fülle und dürftigster Öde wechselnde Natur, die vielen Völker mit ihren verschiedenen Religionen, Sitten und Anschauungen – alles dies wurde für die Gefangenen zu einem Chaos, und die Fremdheit der Umgebung verstärkte das Gefühl ihrer Verlassenheit. Sie sahen Bruchstücke, die keinen Gesamteindruck zuließen, aber um so mehr ein Empfinden für das Eigentümliche und schwer Verständliche schufen, das Rußland und sein Volk immer für die Gefangenen behielt. Niemals oder erst nach Jahren lernten sie Rußlands orientalische Eigenart verstehen.«

Rechnet man für die Rückreise der nunmehr leeren Waggons etwas weniger als zwanzig Tage, so hätte die Delegation Weihnachten zurück in Petrograd sein können. Erst zu diesem Datum erscheint Elsa Brändström in ihrem Buch wieder, jedoch nicht zu Hause, sondern in Srjetensk an der Schilka, östlich des Baikalsees. »Ich lernte dieses Lager Weihnachten 1915 kennen, und der Tag trug dazu bei, noch klarer in den Abgrund von Bitterkeit und Hoffnungslosigkeit sehen zu lassen, der sich vor den Kriegsgefangenen auftat.« Seit dem Herbst 1915 herrschte in dem teils aus Kasernen, teils aus leichten, kaum heizbaren Sommerbaracken bestehenden Lager eine entsetzliche Flecktyphus-Epidemie. Diese Krankheit konnte sich um so verheerender ausbreiten, als keine Bademöglichkeiten vorhanden waren und die verseuchten Bauten nicht desinfiziert wurden. Elsa Brändström sprach damals kaum russisch. Wie ihre Freundin berichtet, verfügte sie zu Anfang ihrer sibirischen Tätigkeit nur über einen Satz. Unter den gegebenen Umständen enthielt er aber die wichtigste Frage: »Werden Sie von Läusen geplagt?« Wenn nicht gerade alle 100 Arten dieses schmarotzenden Insekts unter den Gefangenen verbreitet waren, so doch die in Haar, Bart und Augenbrauen hausende Kopflaus, heftigen Juckreiz verursachend, die zu Ekzemen führende Filzlaus und als gefährlichstes Ungeziefer die Kleiderlaus. Sie überträgt den Flecktyphus, jene damals schon seit Monaten grassierende Krankheit, die die schwedische Delegation so rasch wie möglich auslöschen wollte. Deshalb war sie von Irkutsk herbeigeeilt. Und wenn Elsa Brändström ihre Frage auch auf russisch stellte, so wandte sie sich damit an österreichische Gefangene vom Balkan, die deutsch nicht verstanden, ihrer slawischen Sprachherkunft nach russisch dagegen müheloser erlernten.

In Srjetensk waren 11 000 Soldaten untergebracht. Die

Kranken hatte man auf einige Baracken verteilt, zu denen sich die Wachmannschaften aus Furcht vor Ansteckung längst nicht mehr wagten. »Dort war der Boden mit Menschen übersät – die einen halb nackt, andere in Uniform und Stiefeln. An einigen Plätzen standen eiserne Bettstellen ohne Stroh, auf jedem Bett lagen zwei Kranke und oft noch zwei darunter. Im ganzen ›Krankenhaus‹ war nicht eine einzige Decke oder ein Kissen vorhanden; da und dort hatte einer ein Stück Holz als Kopfpolster. Es gab kaum soviel Wasser, daß jeder Gefangene einen Becher voll bekommen konnte, und doch sollte es zum Waschen, Trinken und Kochen der Suppen ausreichen. Die Kriegsgefangenen, die ohne genügende Winterkleidung zum Flusse gehen mußten, um die Wassertonnen heraufzuschleppen, erfroren sich dabei die Glieder so, daß sie oft abgenommen werden mußten. Deshalb war es nicht leicht, Kriegsgefangene zu finden, die diese Arbeit freiwillig übernahmen. Die Stimmung im Lager hatte einen derartigen Grad von Gereiztheit erreicht, daß eine Meuterei auszubrechen drohte. Diese furchtbaren Zustände durften nicht fortbestehen, der Lebenstrieb der Gefangenen lehnte sich gegen das langsame, sinnlose Sterben auf. Alle wußten, nebenan stehe ein leeres Krankenhaus verschlossen, die Russen hätten Arzneimittel, und eine amerikanische Ambulanz mit Ärzten, Schwestern und Material beantrage vergeblich beim Stabe in Irkutsk, nach Srjetensk reisen zu dürfen, um der Epidemie zu steuern. Wut und Verzweiflung der Gefangenen wuchsen, weil sie wußten, daß es Hilfe gab, die aber nicht zu ihnen gelassen wurde.«

Mit dem Zitat einiger Abschiedsworte und Grüße von Sterbenden an ihre Familien endet das Kapitel. Elsa Brändström erzählt nicht mehr, wie die Seuche in zwei Monaten besiegt wurde. Kriegsgefangene haben für sie geschildert, daß es plötzlich wieder Hoffnung gab, daß sich aus mutlosen, zu Aufstand oder Selbstmord bereiten Männern erneut eine disziplinierte, freiwillig hilfeleistende Gemeinschaft bildete. Wo zwei neutrale Schwestern Tag und Nacht und selbst bei 40 Grad Kälte Strohsäcke nähten, um einen Wettlauf mit dem Tod zu gewinnen, war für Apathie kein Raum mehr. Die beiden Schwedinnen hatten nicht geruht, bis der russische Lagerkommandant in ihrer Begleitung durch alle Baracken gegangen und von seinen schlimmen Versäumnissen überzeugt worden war. Selbst zu Tod erschrocken, ließ er die Delegation sofort nach ihrem Gutdünken handeln.

Propst Eduard Juhl führt in seiner Biographie einen Brief an, den Elsa Brändström damals an das Deutsche Rote Kreuz schrieb: »Was uns ganz besonders glücklich gemacht hat, waren die großen Summen, die wir zur Verfügung hatten, und dadurch konnten wir wirklich helfen. In Srjetensk verausgabten wir ungefähr 30 000 Rubel. Wir richteten ein vollständiges Krankenhaus für 550 Betten ein. Dafür beschafften wir Strohmatratzen, Kissen, Decken, Laken, Eßschalen usw., kauften vier Pferde, welche nun den Gefangenen gehören (und künftig auch das Wasser vom Fluß herbeischaffen), Wasserbehälter, Schlitten, Geschirre. Dann verteilten wir per Soldat einige Rubel im ganzen Lager, um die furchtbare Todesstimmung etwas zu mildern. Man hat das Gefühl der Dankbarkeit, daß man nicht unnütz gelebt hat, wenn man diese Soldaten verläßt an solch einer Stelle . . .«

Im Buch der Schwedin folgt die Beschreibung anderer chaotischer Zustände, die mit anderen Schreckensnamen verbunden bleiben. Krasnojarsk: »Von den Kranken starben im Winter 1914/15 54 % oder 1300 Gefangene, darunter 1000 an Flecktyphus. Am Krankenhaus lud man die Leichen auf einen flachen Schlitten, um sie zum Massengrab zu bringen, und an dessen Rand wurde der Schlitten nur umgekippt, damit die Körper in die Grube fielen, die solange offen blieb, bis sie an den Rand gefüllt war.« Novo Nikolajewsk, heute Nowosibirsk: »Nur 70 Mann verließen lebend eine der Kirchhofsbaracken, in der einmal 1100 gewesen waren. Die Sterblichkeit im Lager stieg und stieg, im

April 1915 starben täglich 70 bis 85 Mann ... Von den 8600 Kriegsgefangenen, die während des Winters im Lager untergebracht waren, starben etwa 4500. Alle gefangenen Ärzte und Pfleger erkrankten an Flecktyphus, und von ihnen starben 33 %.« Omsk: »In zehn Monaten, bis Ende August 1915, starben in Omsk insgesamt etwa 16 000 Gefangene.« Totzkoje: »Das Grab für 17 000 Kriegsgefangene von 25 000 ... Im Dezember 1915 und Januar 1916 richtete das russische Kommando ein ›Lazarett‹ für 400 Kranke ein; zur gleichen Zeit starben täglich 120 bis 350 Mann. So blieben die Zustände bis zum März 1916, als die Epidemie langsam von selbst erlosch.« Turkestan: »Nach Turkestan wurden insgesamt 200 000 Kriegsgefangene geschickt und auf 30 Lager verteilt. Diese lagen teils im Gebirge und teils in der Steppe zwischen dem Aralsee, dem Kaspischen Meer, Persien, Afghanistan und China ... Die Gefangenen in Sibirien, die ihre in Turkestan internierten Kameraden beneideten, ahnten nicht, daß etwa 45 000 von diesen Kriegsgefangenen nicht mehr zurückkommen, sondern die letzte Ruhe auf den Bergen oder in den einsamen Steppen finden würden.« So lautet, verkürzt, die Bilanz der einzelnen Schilderungen. Elsa Brändström hat über solchem Massensterben versäumt, ihre eigene Todesnähe zu erwähnen. Des Vaters Leitspruch, dem sie seit früher Jugend mit strahlender Bereitschaft gefolgt war, klang jetzt kaum wie eine Forderung. Das »il faut payer de sa personne« – man muß mit dem ganzen Menschen zahlen – wies seine andere Seite, Urteil und Erdulden.

Im Eisenbahnwagen nahe dem Gefangenenlager Nertschinsk, wo die Delegation im Februar 1916 ihr notdürftiges Quartier bezogen hatte, erkannte Elsa Brändström am eigenen Leib die Symptome von Flecktyphus: Schüttelfrost, masernartigen Hautausschlag, hohes Fieber. Der selbstvergessene Einsatz während der Epidemie in Srjetensk schien zwei weitere Opfer zu verlangen, unmittelbar nach ihr erkrankte auch der Schwede Zetterlöf. Es gab kein Krankenhaus am Ort, keine Isolierstation im Gefangenenlager. Ethel von Heidenstam mußte rasch handeln. Sie entschied sich für den Transport der beiden Patienten nach Irkutsk und bat amerikanische YMCA-Leute telegrafisch, dort bei der Ankunft am Bahnhof zu sein.

»Das waren sie auch«, heißt es in ihrer Erzählung, »aber auf der Station Irkutsk gab es weder Bahren noch Krankenwagen. Wir nahmen nun einige Rodelschlitten, und in meiner Verzweiflung holte ich Matratzen aus dem Zug, um die Kranken darauf zu betten. Die Stadt Irkutsk liegt eine erhebliche Strecke entfernt von der Bahnstation, auf der anderen Seite des Flusses Angara. Die amerikanischen jungen Männer zogen die Rodelschlitten, aber es war so kalt, daß man es immer nur zehn Minuten aushielt, da die Hände gefühllos wurden und unaufhörlich gerieben werden mußten. Das war eine seltsame Fahrt. Das Wasser der Angara schimmerte smaragdgrün zwischen den Eisblöcken. Die Schlitten, denen man begegnete, wurden von stattlichen prächtigen Pferden gezogen. Die Menschen darin waren eingehüllt in warme Samtdecken – rot, blau und orangefarben – eingefaßt in Bärenfell. Unsere Karawane warf lange, blaue, düstere Schatten über den glitzernden Schnee. Tiefe Einsamkeit breitete sich über die ringsum weite weiße Welt. In der Ferne hörte man Hundegebell und fragte sich, ob es nicht Wölfe seien, deren Geheul, wie der Volksglaube meint, von den Verbannten kommt, die nach Rache rufen.«

Hunde oder Wölfe – sie waren nicht das Schlimmste. Der Fluß mußte überquert werden. In ihm gab es Eisschollen und darunter starke Strömung. Die Amerikaner zeigten sich geschickt, das Boot mit den Schwerkranken vorwärts zu stoßen, sie im Schlitten über die Untiefen zu heben. Kälteren Widerstand boten dann die Hospitäler von Irkutsk. Keines war bereit, Flecktyphuskranke aufzunehmen. Der Rot-Kreuz-Delegierte kam schließlich in einem Lazarett für

Kriegsgefangene unter. Zwischen Plennys, bei denen er sich infiziert hatte, starb Zetterlöf an den Folgen seines Fiebers, das erste Opfer unter den schwedischen Helfern im Ersten Weltkrieg jenseits des Ural.

Fast bis zum Morgen irrt Frau von Heidenstam mit der anderen Bahre noch durch die Gouvernement-Stadt. – »Sie sterben uns doch nicht unter der Hand?« fragen scherzend oder besorgt die Träger. Elsa Brändström nimmt alle Kraft zusammen, lachende Antwort zu geben. Nur der Energie ihrer Freundin ist es zu danken, daß irgendwo in einem Lazarett die Irrfahrt beendet werden konnte. Amerikanische Ärzte, die unbeschäftigt seit langem parat standen, hatten nie einen Flecktyphus-Fall behandelt. Wie sollten sie auch, erfahren nur in einem Land hygienischer Übersorgfalt? Es mußte täglich der deutsche Mediziner Dr. Rösler aus dem Kriegsgefangenenlager Irkutsk abgeholt werden, wenn Elsa Brändström eine Überlebens-Chance haben sollte. Ihre Gefährtin besorgte das ebenso selbstlos wie die Tag und Nacht währende Krankenpflege. Schließlich genas die Patientin, während Frau von Heidenstams Gesundheitszustand immer labiler wurde.

Das Kapitel schwedischer Liebesdienste für Kriegsgefangene spricht von ihr nur wenig. Wenn Elsa Brändström oft gesagt hat: »Was wäre ich ohne Ethel gewesen?«, so verstünde man dieses Wort schon, bezöge es sich nur auf die Wochen von Irkutsk. Mit ihm ist jedoch viel mehr gemeint. Damals arbeiteten die beiden Schwestern bereits seit fast zwanzig Monaten zusammen: in Petrograd, in Berlin, in Gefangenenlagern diesseits des Ural, in Sibirien. Und gemeinsame Reisen über die Entfernung des halben Erdballs sollten noch folgen. Bei allen hat Ethel von Heidenstam wesentlichen Anteil am Erfolg gehabt. Sie sprach sehr gut russisch und verhandelte außerordentlich geschickt mit Kommandanten und Behörden. Die geborene Engländerin brachte für viele Schwierigkeiten dieses Unternehmens wichtige

Eigenschaften mit, nämlich Ruhe, Disziplin, Besonnenheit. Kriegsgefangenen, die Frau von Heidenstam bei der Arbeit gesehen haben, ist die heute noch in Schweden Lebende unvergeßlich geblieben. Und doch heißt der einzig weltbekannte Name aus dieser Liebestätigkeit Elsa Brändström. Ihre schwedische Biographin sagt dazu: »Die große Allgemeinheit fordert immer *einen* Menschen als Gegenstand der Bewunderung. Wie gerne würden wir nicht alle Revue passieren, um unseren bescheidenen Teil an Wertschätzung zu bekommen! Aber darin ist das Publikum unerbittlich; es billigt nicht Auszeichnungen auf breiter Front. Dies ist die eine Seite. Aber es hat auch daran gelegen, daß Elsa Brändström diejenige war, die am meisten gab. Außerdem war sie ganz einfach am meisten begabt für diese Aufgabe. Sie hatte ein ungewöhnliches Organisationstalent; von der deutschrussischen Front im Westen bis Wladiwostok am Stillen Ozean erstreckte sich das Gebiet ihrer Pläne. Und wenn man sagt, daß alles wenigstens zu 50 % klappte, so bedeutet das schon viel. In der ersten Zeit wurde die Arbeit durch Elsas Stellung erleichtert: ein Telegramm an den Vater konnte höheren Orts rasch einen schwierigen Knoten lösen, was beim russischen Tempo sonst zeitraubend gewesen wäre. Elsa war gesund, sie gewann stets durch Aussehen und Auftreten, und sie besaß eine rätselhafte Macht über Menschen. Doch all dies wäre keine hinreichende Erklärung. Es zeigte sich, daß sie eine ganz besondere Gabe hatte, geradezu eine schöpferische, die sie unfehlbar wirkungsvoll für diese Aufgabe geeignet machte.«

Außer dem einen kurzen Auftritt im Lager Srjetensk läßt uns Elsa Brändström vorerst nur wissen, daß sie auch Zeugin schlimmer Zustände bei Invalidentransporten gewesen ist. »Ein Bild, das ich niemals vergessen kann, sah ich an einem Dezembertag 1915, als die ersten Invaliden in Atschinsk gesammelt wurden. In beißendem Schneesturm schleppten sich hundert Mann auf Krücken und Stöcken die sieben Kilometer vorwärts, die das Lager von der Bahnlinie trennten. Der Sturm warf sie zu Boden, doch mit zäher Energie mühten sie sich Stunde um Stunde den Weg entlang. Einige waren ohne Schuhe und hatten die Füße mit Lumpen umwickelt, manchen fehlten Mäntel. Im Lager angekommen, brachte man sie in ein ausgeräumtes Magazin, in dem der neue Eisenofen noch nicht geheizt werden konnte und die Kälte deshalb ebenso stark wie im Freien war. Viele dieser Invaliden ruhen auf dem Friedhof in Atschinsk.« Und vielen wurde noch am letzten Sammelpunkt die Hoffnung auf Heimkehr wieder genommen: von Petrograd aus mußten sie »nach Sibirien, Turkestan oder nach irgendeinem Lager in Rußland zurückfahren«.

Dann fehlt dem Buch bis zum Juli 1918 jede persönliche Bemerkung. Die Verfasserin tritt ganz zurück, ihre Spur verliert sich »unter Kriegsgefangenen«. Wer Leben und Leistung schildern will, muß andere Quellen suchen. Es gibt sie für diesen Zeitabschnitt in Fülle. So viele ehemalige Gefangene – fast so viele Erinnerungen an Elsa Brändström. Auch wer sie nicht selbst getroffen hat, wußte doch von ihrer tröstenden Existenz. Zwar war die Bahn zwischen Europa und Asien nur eingleisig, aber die Nachricht, daß damit jetzt immer Hilfe unterwegs sein konnte, drang durch hundertfältige Kanäle geschwind bis in die letzte Baracke Sibiriens. Bei nüchterner Beurteilung mußte man sich ausrechnen, wie gering die Chance sei, von dieser Hilfe selbst etwas erwarten zu dürfen. In der Weite der Steppe, in der Monotonie der Tage nahm aber jeder Schimmer phantastische Ausmaße an. Sie verbanden sich mit der Gestalt Elsa Brändströms und sind bis auf diesen Tag der verklärende Tenor vieler Berichte. Für den Biographen gilt es, Legende und Tatsachenkern voneinander zu trennen. Doch sollte er nicht vergessen, daß Hunderttausenden verlassener Männer im Gefängnis Sibirien die Vorstellung vom »Engel« über Jahre hin stärkende Wirklichkeit gewesen ist.

Sobald Dr. Rösler in Irkutsk den beiden Schwedinnen Reisefähigkeit bescheinigt hatte, kehrten sie nach Petrograd zurück. Nur von dort aus ließ sich ein umfassendes Netz von Stützpunkten für die regelmäßige und wirkungsvolle Gefangenenhilfe im großen Rußland organisieren. Magister Sven Hedblom übernahm den fernsten Posten, Chabrarowsk in Ostsibirien. Siebzehn Mitarbeiter harrten dort in unermüdlichem Einsatz bis 1918 aus, drei ließen ihr Leben. Die Schwedin Anna Linder leitete die Delegation in Samara, Frau von Heidenstam blieb für eine Zeit im Rot-Kreuz-Quartier Charkow, Elsa Brändström in der Hauptdurchgangsstation Pensa, einer mittelrussischen Stadt an der Sura.

Hier ballten sich seit Frühjahr 1916 die Transporte von Gefangenen aus Sibirien und Turkestan. Sie sollten im europäischen Teil des Landes zur Arbeit herangezogen werden. Zu diesem Zeitpunkt war bereits in jeder zweiten russischen Familie ein Mann oder Sohn gefallen oder verwundet, viele Regimenter hatten fast geschlossen die Kriegsgefangenschaft in Deutschland antreten müssen. Ständige Neuaushebungen von Truppen minderten die Zahl der Industrie- und Landarbeiter täglich. Es hieß aber, mehr denn je zu produzieren, um die Bedürfnisse des Millionenheeres und seine schweren Materialverluste zu decken. Bereits Ende 1914 war die Armee fast ohne Munition für Artillerie und Handfeuerwaffen gewesen. Etwa 400 000 Bauern hatten inzwischen ihre Dörfer verlassen und einen Arbeitsplatz in der städtischen Industrie gefunden. Diese Kräfte sollten durch Gefangene ersetzt werden, denn es fehlte bald ebenso an Brot wie an Gewehren. Zwar hatte die russische Regierung schon am 17. Oktober 1914 eine allgemeine Instruktion über die Heranziehung von Gefangenen zur Arbeit erlassen. Bei der Unfähigkeit des bürokratischen Apparates, Organisationsaufgaben rasch zu meistern, war jedoch viel Zeit verstrichen, bis der Einsatz endlich beginnen konnte.

Vom April bis Juni 1916 hat Elsa Brändström in Pensa

gewirkt. Die Stadt zählte damals etwa 70 000 Einwohner. Fast ebenso viele Gefangene passierten während dieser Wochen die Station, zerlumpte, verhungerte Soldaten, denen es an allem mangelte. Die schwedische Delegierte und ihr Landsmann, Pastor Neander, konnten ihnen dank großzügiger Spenden das Nötigste mit auf den Weg geben, Schuhe, Decken, Wäsche, Uniformen, Geld. Sie ließen es aber nicht bei dieser materiellen Hilfe bewenden, sondern trugen jeden Namen in Listen ein, um den Angehörigen Grüße schicken zu können. Die nicht schreibfreudige Elsa Brändström verbrachte ihre Nächte über solchen Botschaften nach Deutschland, Österreich, Ungarn, in die Slowakei und nach Slowenien. Am nächsten Morgen stand sie dann wieder in den Güterzügen, registrierend und ermunternd. Immer war höchste Eile geboten, die Transporte verließen den Bahnhof oft schon nach Stunden.

Pastor Neander hat später von dieser Zeit umfassend berichtet. Er hält sie in Elsa Brändströms Leben für eine der arbeitsreichsten. Und er schildert vor allem ihr großes Talent, mit den Russen erfolgreich zu verhandeln. Jedem Partner sei sie in der wirkungsvollsten Manier begegnet, mit Methode oder einfach mit glücklichen Einfällen. Sein Beleg für solche Intuition ist erwähnenswert: Die schwedische Delegation hatte gehört, daß ein Kriegsgefangener ohne Angabe von Gründen zum Tode verurteilt worden war. Sie wandte sich an Behörden und Kommandanten um Begnadigung, wurde jedoch abgewiesen. Schließlich empfing sie der russische Gouverneur von Pensa, aber auch diese Audienz schien ergebnislos zu bleiben. Der hohe Beamte hörte allen Argumenten nur gelangweilt zu. Da rief Elsa Brändström plötzlich: »Spring efter bibeln, pastorn!« (Hol doch die Bibel, Pastor!) Neander lief ins Quartier, um seinen kostbaren Besitz vorzuweisen, ein Neues Testament in russischer Sprache, geziert mit einer Widmung von dreißig Mitgliedern des Heiligen Synod. Er hatte sie als Dank für seine Hilfstätigkeit an russischen Kriegsgefangenen in Deutschland von der orthodoxen Kirchenleitung geschenkt bekommen. Diese Auszeichnung überwältigte den Gouverneur: er hob das Todesurteil sofort auf.

Im Juni 1916 reiste Elsa Brändström nach Moskau. Die größte Stadt Rußlands enthielt auch das größte Kriegsgefangenen-Elend, verteilt auf mehr als dreißig Hospitäler und Lazarett-Baracken. Während der nächsten sechs Monate erreichte sie, daß alle Kranken in die besten Häuser mit ausreichender ärztlicher Betreuung und hygienisch einwandfreien Verhältnissen überführt wurden, daß man Schwerverwundete ohne jede Verzögerung zum Invalidenaustausch in die Heimat schickte. Nur solche Gefangene wurden künftig nach Sibirien befördert, die ein ärztliches Gesundheitsattest vorweisen konnten. Die Aufgaben wuchsen noch, denn im Sommer 1916 hatte im Süden eine neue russische Offensive begonnen. Unter der Führung Brussilows war es diesmal gelungen, bis auf eine Tiefe von 120 km in die österreichische Front einzubrechen – Rußlands größter Sieg während des ganzen Krieges. Er brachte wiederum ein Heer von Gefangenen ins Innere des Landes. Ihnen folgte sehr bald die besiegte rumänische Armee. Im August hatte Bukarest sich zu den Alliierten geschlagen, war aber sogleich von deutschen Truppen überrannt worden. Jetzt fluteten zu allen übrigen Problemen, mit denen die russischen Transportmittel nicht fertig wurden, auch noch Divisionen von hilflosen Verbündeten ins Land. Sie lösten einen allgemeinen Rückzug aus und vollendeten das Verkehrs-Chaos.

Unter diesen Umständen, die alle Gefangenen-Fürsorge natürlich am empfindlichsten trafen, rief Elsa Brändström ihre bewährte Freundin Björkman. Sie muß eine Art zu bitten gehabt haben, der sich so leicht niemand entzog. Elsa Björkman erschien an der Moskwa. »Ich spüre noch den Geruch der Baracken, Hungerschweiß, Unlust, Feuchtigkeit und Schmutz, dazu das Gewimmel von Männergesichtern, grau in grau, tückisch, erloschen oder hoffnungsvoll, und immer noch, wenn ich daran denke, werde ich ergriffen von der gleichen Ohnmachtslähmung wie damals«, erzählt sie nach so vielen Jahren. »Es war ein Wunder zu sehen, was Elsa dann mit belebender Kraft erreichte. Nachdem sie die materielle Hilfe geboten hatte, fand sie für jeden das richtige Wort. Sie wagte es tatsächlich, von Mut und Ausdauer zu reden in Situationen, in denen wir fanden, daß solche Worte wie Hohn empfunden und mit Bitterkeit zurückgeschleudert werden müßten. Sie konnte auch mit den Gefangenen schimpfen. Wir sagten dann zueinander: ›Wie bringt sie das nur über sich? Sieht sie nicht, wie elend alle sind?‹ Aber es zeigte sich stets, daß sie recht gehabt hatte, daß es eben dieses Aufraffen war – auch wenn es Zorn auslöste – das die Gefangenen brauchten, um nicht gänzlich verschlungen zu werden von den schweren körperlichen und seelischen Leiden, die die Gefangenschaft mit sich brachte. Manchmal konnte sie dagegen unbeschreiblich milde und geduldig sein, hörte sie mit nie nachlassendem Interesse dieselbe Geschichte an, wohl zum tausendsten Mal erzählt. Sie appellierte an den Lebenswillen der Gefangenen, und vor allem: sie hörte zu mit absolutem Gehör für jeden Klangwechsel in dem nie aufhörenden monotonen Gesang. ›Schwester Elsa hat uns nicht nur heile Schuhe und läusefreie Uniformen gegeben‹, sagte damals in Moskau ein Gefangener, ›sie gab uns unseren Menschenwert wieder.‹« Dieses Urteil wiederholte fünfzig Jahre später Brita Skelding: »Meine Mutter konnte allen alles sagen. Ihr Takt war vielleicht das bewundernswerteste.«

Elsa Björkman erzählt aus dieser Zeit auch eine sehr liebenswerte private Episode. »Es war im Herbst 1916 in Moskau, als Elsa die Arbeit in Gefangenenlazaretten und auf dem Evakuierungsplatz Koschoukowa in der Nähe der Stadt kennenlernen wollte. Wir fuhren, beladen mit Waren, in großen Droschken. Aber vor der letzten Etappe, wenn wir das meiste abgeliefert hatten, pflegten wir durch das Zentrum von Moskau zu Fuß zu gehen; durch die eleganten Straßen am Ljubjanka-Markt, Theaterplatz oder Kusnetzkyplatz, wo die exklusiven Juweliergeschäfte waren. Und hier blieb Elsa regelmäßig stehen und versank in Bewunderung vor den auserlesen schönen Schmucksachen. Die Russen waren ja Künstler und Großkonsumenten auf diesem Gebiet. Es mag ein seltsamer Anblick gewesen sein: zwei ›Barmherzigkeitsschwestern‹, wie man hier sagte, ganz vertieft in die Lockungen der eitlen Welt. Nach einer Weile und einem tiefen Seufzer gingen wir weiter. Das, was gegen alle Berechnungen und alle vorgefaßten Meinungen geht, fesselt wohl immer die Aufmerksamkeit in besonderer Weise: etwas anderes, Launenhaftes, gänzlich Unvernünftiges. Es ist wie ein Hauch vom Leben selbst, unerklärlich und unüberwindlich. Ich wurde mitgerissen, wie so oft, wenn Elsa in der einen oder anderen Weise besessen war.«

Ende 1916 planten Ethel von Heidenstam und Elsa Brändström ihre zweite Sibirienreise. Mit der aus Moskau zur Vorbereitung in Petrograd erschienenen Freundin besuchten Brändströms am 30. Dezember die Oper. »Plötzlich entstand Unruhe im Parkett, Flüstern ging durch die Reihen. An der Logentür erschien ein Herr und flüsterte mit dem schwedischen Gesandten. ›Rasputin ist ermordet‹, sagte der General, ›wir werden sehen, was daraus folgt.‹«

Am 3. Februar 1917 trat Amerika in den Krieg gegen die Mittelmächte ein. Rußlands Reserven waren damals bereits in jeder Weise erschöpft. Während besonders frostharter Nächte bildeten sich Brotschlangen schon an vielen großen Orten, man zahlte 300 % mehr für jegliche Lebensmittel. In Petrograd hatte die Polizei genug mit Streiks und Unruhen der frierenden, hungernden Masse zu tun. Dennoch konnte niemand voraussehen, daß die Arbeiterinnendemonstration am 23. Februar, der sich Männer der Putilowwerke anschlossen, Nikolaus II. zur Abdankung zwingen würde. »Man findet in der Geschichte wohl keine so jähe Wende«, schreibt Trotzki zu diesem Ereignis, »vor allem, wenn man sich vor Augen hält, daß eine Nation von 150 Millionen Menschen dabei im Spiele ist.«

Den Kriegsgefangenen brachte die Februar-Revolution zunächst Erleichterungen, sie wurden an manchen Orten sogar ohne Bewachung gelassen. Neben russischen Häftlingen kamen aus den Gefängnissen viele als Spione verurteilte Angehörige der Mittelmächte. Neunzehn deutsche Soldaten fanden Unterkunft in der schwedischen Gesandtschaft. Zu ihnen quartierte sich eine dreißigköpfige russische Wache ein, wie sie damals allen ausländischen Vertretungen zum Schutz von der neuen Regierung gestellt wurde. Elsa Brändström, die bei den noch ungeklärten Verhältnissen in Rußland nicht an eine Reise über den Ural denken konnte, sah sich vor der schweren Aufgabe, Lebensmittel für den täglichen Bedarf ihres jetzt so personenreichen Haushalts zu beschaffen. Da nach dem Kriegseintritt Amerikas Schweden die deutschen Interessen in Rußland zu vertreten übernommen hatte, gab es gerade jetzt für den Gesandten Brändström und seine in allen Gefangenen-Fragen bewanderte Tochter viele neue Probleme.

Zunächst kam Kerenski an die Macht, ein begabter, wortgewandter Rechtsanwalt, der die weitere Entwicklung jedoch nicht steuern konnte. Es zeigte sich bald, daß die tonangebenden Kreise keinen Sonderfrieden mit Deutschland wünschten, eine Möglichkeit, die während der letzten zaristischen Zeit zumindest geheim erörtert worden war. Wir wissen von ihr, seit sich die Archive des Auswärtigen Amtes in Berlin – durch den Mut eines deutschen Beamten vor dem Vernichtungsbefehl 1945 gerettet – in alliierter Hand befinden und der Forschung offenstehen. Was die Dokumente zum ersten Weltkrieg mit Rußland betrifft, lassen sich deutlich zwei Tendenzen der Wilhelmstraße ablesen. Die eine Partei setzte alle Hoffnung auf Verwirrung innerhalb des Zarenreiches, auf Unruhen und Selbständigkeitsbestrebungen der vielen nichtrussischen Minderheiten. Dafür sind an Agenten und Mittelsmänner, an Propagandaschriftsteller Summen bezahlt worden, die den Vergleich mit staatlichen Geldern zur Unterstützung deutscher Kriegsgefangener in Rußland nicht zu scheuen brauchen. Lenin reiste 1917 unter höchstem deutschen Schutz aus seinem Schweizer Exil nach Finnland.

Die andere Strategen-Gruppe in Berlin glaubte nicht an die Möglichkeit einer russischen Revolution. Sie wollte mit dem Zaren unmittelbar ins Gespräch kommen. Aus den Akten ist zu entnehmen, daß der Kaiser im Sommer 1916 seinen Kanzler Bethmann-Hollweg beauftragt hat, durch nicht-offizielle Vermittler die Ansichten Nikolaus II. zu erfahren. Am 3. Oktober heißt es in einer Notiz, der schwedische Außenminister Wallenberg habe sich angeboten, Bemühungen am Zarenhof zu unternehmen. Die Verhandlungen sollten durch General Brändström, durch Journalisten, Bankiers, Kaufleute und Mitglieder der internationalen Aristokratie eingeleitet werden. Sie schienen sich hinzuziehen – dann kam die Nachricht von Rasputins Ermordung und der Februarrevolution. Ob Elsa Brändström, mit der der Vater jeden diplomatischen Schritt erörterte, von diesen Bestrebungen gewußt hat, ist unbekannt. Sie hat selbst dem Lebensgefährten gegenüber nie davon gesprochen.

Im Sommer 1917 wurde es klar, daß sich die Lage sowohl für die kriegsmüden Russen als auch für die ihre Heimkehr erwartenden Gefangenen wieder auf altbekannte Zustände eingespielt hatte. Das Morden ging weiter; die Propaganda gegen Deutschland hatte sich eher noch verschärft. Stockender Transportverkehr im Post- und Geldwesen brachte den erneut scharfbewachten Plenny-Lagern nicht nur manche Härten sondern oft akute Hungersnot. Unter diesen Umständen begannen Ethel von Heidenstam und Elsa Brändström im Juni 1917 ihre zweite Sibirienreise. Sie führte bis in den fernsten Osten, bekannte und neue Stationen wurden besucht. Prüft man die Todesbilanz im Rechenschaftsbericht »Unter Kriegsgefangenen in Rußland und Sibirien«, so zeigt sich, daß die schrecklichsten Epidemien bereits 1916 abgeklungen waren. Die Hilfe des Schwedischen Roten Kreuzes hatte überall bessere sanitäre Verhältnisse und Medikamentennachschub ermöglicht. Diesmal ging es vor allem darum, die seelische Verfassung der heimwehkranken Männer zu bessern. Elsa Brändström spricht nicht von dieser Reise. Lassen wir für sie einen Gefangenen erzählen.

Viktor Buchgraber erinnert sich: »Ein Tag von früh bis spät so voll von ungetrübter Freude und Schönheit, daß die festliche Erinnerung an ihn mich niemals verlassen hat, auch nicht in den schwersten Zeiten der folgenden Jahre. Eigentlich begann es schon am Tage vorher. Plötzlich hieß es: Morgen kommt Elsa Brändström. War es wieder eine falsche Alarmnachricht, wie schon Tausende uns getäuscht und genarrt hatten? Aber schließlich mußten auch die grundsätzlichen Skeptiker es glauben. So kam jener unvergeßliche 15. Oktober 1917 heran. Weit früher als gewöhnlich begann das Leben im Lager. Alles, was herumhing und herumlag, verschwand. Die Holzpritschen wurden mit Decken behangen. Dann kam vor allem das große Reinemachen. Einer scheuerte den Fußboden, einer wischte Staub, einer säuberte den großen Tisch, und mit dem ›Wandschmuck‹ wurde schwer ins Gericht gegangen. Jeder suchte seine besten Uniformstücke heraus. Drei Jahre schon trugen wir sie am Leibe. Direkt aus dem Schützengraben. Schon damals war nicht mehr viel mit ihnen los. Inzwischen waren sie immer wieder ausgebessert und geflickt worden, und von dem ursprünglichen Feldgrau war nicht mehr viel übrig. Heute aber strich jeder noch einmal mit der Bürste darüber, sehr behutsam, damit das dünne Zeug nicht im entscheidenden Augenblick noch riß. Der Jüngste wurde auf Wachposten geschickt. Alle fünf Minuten kamen Meldungen. Schließlich hieß es: Sie sind im Lager! Zwei Damen sind's, die eine groß und hell, die andere kleiner und dunkler. Wir alle warteten mit klopfendem Herzen, mit heimlich zitternden Fingern. Seit zwei, drei Jahren hatte keiner von uns mit einer Frau gesprochen. ... Jetzt hörten wir Türen gehen, Hocker wurden beiseite geschoben, helle Stimmen grüßten – und nun war sie bei uns: Guten Morgen, wie geht es Ihnen allen? Was für Wünsche haben Sie, welche Klagen? Soll ich Post mit in die Heimat nehmen? – Zwei junge schlanke Frauen, lächelnd, strahlend ...

Wir alle waren so verwirrt über das Helle, Sonnige, Schöne vor uns. Was sollten wir sagen? Wer kann in fünf Minuten in Worte fassen, was man zwanzig, dreißig Monate im Herzen herumgetragen hat! Ein stammelnder Dank war alles, was wir fertig brachten, während Briefe und Bilder überreicht wurden. Am Nachmittag gaben wir ein Konzert im Treppenaufgang unserer Baracke. An nichts erinnere ich mich mehr, was gespielt wurde, aber das eine weiß ich: die beiden Damen waren wieder da. Es war ein großes, großes Fest! Danach stürmten wir zum Barackenausgang, um sie noch einmal zu sehen. Und dann kam Elsa Brändström. Sie stand einen Augenblick überrascht, erschreckt, geblendet von all den Hunderten glänzender Jünglings- und Männeraugen, die an ihr hingen. Dann ging sie lächelnd, grüßend und dankend durch unsere ganze Reihe.

Aber der reiche, schöne Tag war noch nicht zu Ende. Während Elsa Brändström durch unser Spalier ging, hatte ihre Freundin in fließendem Russisch mit dem Lagerkommandanten weiter verhandelt. Und so hatten beide Schwestern es durchgesetzt, daß wir um vier Uhr nachmittags in Gruppen zu zwanzig und dreißig unter Bewachung durch einen russischen Leutnant noch einen zweistündigen Spaziergang in die Umgebung der Stadt machen konnten. – Nach zwei Jahren zum ersten Mal draußen in der Freiheit! Zum ersten Male einen richtigen Berg hinauf! Zum ersten

Mal wieder ein Wald! Wir wußten kaum noch, wie ein Wald aussah! Nach einer halben Stunde zitterten uns die Knie, und wir waren einer Ohnmacht nahe vor Müdigkeit, als wir auf den kleinen Bergkamm kletterten. Stumm standen wir und schauten zum ersten Mal drüben das Hinterland: China, bis dahin für uns alle ein trockener Schulbegriff, jetzt fast greifbar nahe vor uns. Dann gingen unsere Blicke nach Westen, wo wir weit, weit hinter Steppen und Bergen, hinter endlosen Urwäldern und Sümpfen, hinter riesigen Flüssen und unbekannten Ländern die Heimat ahnten: Europa – Deutschland – Österreich.

Am gleichen Abend aber kam plötzlich noch Post von daheim – viel Post! Jeder erhielt etwas. Lange war sie zurückgehalten und bergehoch aufgestapelt worden. Jetzt brachte sie gerade noch an diesem Abend in besonderer Weise die Heimat! – Und auch das hatten die beiden energischen Schwedinnen erreicht.«

Eine von ihnen, Elsa Brändström, ist bei dieser wie bei der ersten Sibirienreise dem Tod ganz nahe gekommen. Im Buch steht nichts davon, doch hat sie später der Freundin und der Familie von den schrecklichen Stunden erzählt. Mit dem Schlitten wollte sie ein weites Stück sibirischer Steppe durchqueren. Die Temperaturen lagen bei 40 Grad unter Null, und dichter Schnee fiel vom Himmel. Drei Pferde, angespornt mit Peitschenhieben und Flüchen, gruben sich durch das weiße Meer. Elsa Brändström hatte unter Decken gegen den mörderischen Wind Schutz gesucht. Plötzlich fällt sie aus ihrer strohverbrämten Schlittenmulde. Der Kutscher merkt nichts, rast weiter. Schreien ist in diesem Niemandsland vergeblich. Man kann der Müdigkeit gehorchen und sich aufgeben; man kann noch ein wegloses Stück laufen und dann erschöpft niederbrechen. Beides ist der sichere Schneetod. Die Verlassene geht im kleinen Kreis herum, schlägt den erstarrenden Pelzmantel warm. Nach zwei Stunden ist die Troika wieder bei ihr. Der russische Kutscher hatte den Verlust bemerkt und die Spur zurück gesucht. Er lud eine total Erschöpfte auf.

Als die beiden Schwedinnen nach Petrograd zurückkehrten, wehte auf dem Admiralspalast schon die Fahne mit dem roten Stern. Sie wußten jetzt, was ein neuer sibirischer Winter für die Gefangenen bedeuten würde – gleich unter welchem Regime. Noch viel mehr Geld war erforderlich, um ein Mindestmaß an Ordnung und Pflege zu ermöglichen. So reisten sie ein zweites Mal westwärts. Diese Fahrt nach Mitteleuropa erscheint uns heute wie ein allerletzter Besuch bei den monarchischen Müttern der Völker. Königin Viktoria von Schweden, eine geborene badische Prinzessin, telegraphierte nach dem erschütternden Bericht der Schwestern sogleich an die deutsche Kaiserin. Das hatte nur teilweisen Erfolg. Immerhin gab man den um die eigenen Kriegsgefangenen besorgten Delegierten daraufhin die vorher verweigerte Einreisegenehmigung. In Berlin herrschte ein unverbindlicher, diplomatisch-glatter Ton. Auch Deutschlands Geldreserven waren sehr dezimiert – wir haben erwähnt, für welche Zwecke Millionen nach Rußland transferiert worden waren, die den Soldaten nicht nützten, aber den Sturz des Hauses Hohenzollern beschleunigen halfen. Und da nicht Gefangene einen Kriegsausgang entscheiden sondern Waffen, stellte man sich in der Wilhelmstraße höflich taub. Erst eine Unterredung mit Prinz Max von Baden schuf Abhilfe: Kaiserin Augusta Viktoria bat die Damen zur Audienz nach Bad Homburg vor der Höhe.

Elsa Brändström war früher schon durch Deutschland gereist. Bei der ihr eigenen Zielstrebigkeit wird sie nicht viel gesehen haben. Der Endpunkt hieß Genf oder Paris. Auch von dieser Fahrt sind keine Eindrücke überliefert, es gab wohl nur den dringenden Auftrag. So kann es sein, daß Homburgs Eigentümlichkeiten von ihr nicht wahrgenommen worden sind: nicht der jetzt geschlossene Spielsaal, aus dem Dostojewski zerknirschte Schuldbekenntnisse an seine

Frau in Rußland geschrieben hatte; nicht die zwiebelkuppige Kapelle im Kurpark, gestiftet vom jung vermählten Zaren und seiner hessisch-darmstädtischen Frau für die große östliche Sommergesellschaft; nicht das Denkmal des Prinzen von Homburg, der sich eher von seinem letzten Silbergeschirr trennen wollte, als französischen Hugenotten Asyl zu versagen. Im zedernumschatteten großen Schloß kann man heute wieder durch die Räume gehen, wo Augusta Viktoria ihre Gäste empfangen hat. Es sind ungemütliche, preußisch-karge Zimmer. Am Kaminsims im Speisesaal stehen noch Nikolaus II. Geschenke vom letzten Besuch, kostbare russische Porzellanvasen. Die Kaiserin ließ sich berichten. Im Anblick des schön geschwungenen Taunus hörte sie, wie es Landeskindern an Wolga, Amur und Baikalsee erging. Drei Briefe waren die Folge, geschrieben an den Kaiser, an Hindenburg und an den Kriegsminister, während die Schwedinnen im Garten spazierten. Und beim Tee erörterte Augusta Viktoria noch ein persönliches Geschenk. Nicht das letzte Silbergeschirr, aber eine Perlenkette von Millionenwert sollte im Ausland verkauft werden. Dazu kam es freilich nicht. Die im Sonderzug nach Berlin zurückgekehrten beiden Delegierten erfuhren bald, daß 3 Millionen Mark für die Gefangenen von Regierungsstellen verabschiedet worden seien, dazu noch 100 000 Mark vom Kaiser selbst.

Sie hatten weitere, schwierige Aufgaben. Die deutschen Behörden mußten davon überzeugt werden, daß ihre Repressalien gegen russische Kriegsgefangene im Feindesland entsetzliche Folgen hatten. Dort galt ein Menschenleben wenig, und sooft der schwedische Schutzbevollmächtigte General Brändström den Russen klarmachen wollte, daß als Entgelt für schlimme Behandlung von Plennys beim Bau der Murman-Bahn russische Generäle in Deutschland erschossen würden, hörte er die ungerührte Antwort, man solle tun, was man plane. Die Auswirkungen in Sibirien waren nach solchen nutzlosen Verhandlungen jedoch furcht-

bar. Beide Schwedinnen konnten in Berlin schließlich über-
zeugen.

Ihr kurzer Aufenthalt sollte auch dazu dienen, persönliche
Grüße, eigenhändige Mitteilungen über Tausende von Kilo-
metern an Frauen und Mütter auszuhändigen. So reisten
ihnen in Deutschland und Österreich viele Menschen nach.
Erschütternde Szenen sind von jeder Station überliefert.
Am letzten Haltepunkt, in Wien, empfing Kaiserin Zita sie
mit dem Ergebnis, daß dem Dänischen Roten Kreuz für die
Unterstützung österreichischer Soldaten beträchtliche Summen zugesichert wurden.

Kaum waren Ethel von Heidenstam und Elsa Brändström
zurück in Petrograd, als die große Hoffnung sich erfüllte:
Waffenstillstand zwischen Deutschland und Rußland. Ihm
folgte am 3. März 1918 der Friede von Brest-Litowsk und
die Abmachung, daß sogleich der Austausch von Kriegsgefangenen begonnen werden sollte. Der später ermordete
Graf Mirbach kam mit einer Kommission von deutschen
Schwestern, Ärzten und Offizieren nach Moskau. Ihr Ziel
war, zunächst die russischen Lager von Gefangenen zu leeren, um Raum zu schaffen für den späteren Massenandrang
aus Sibirien. Das Unternehmen lief zügig. Auch als die
Militärs nach der Revolution in Deutschland von Arbeiter-
und Soldatenräten ersetzt wurden, trat keine Verzögerung
ein. Im europäischen Teil des Riesenreiches war tatsächlich
gegen Jahresende der Rücktransport so gut wie abgeschlossen. Bevor die Kommissionen ihre Arbeit jenseits des Urals
aufnehmen konnten, setzten jedoch Wirren und Unruhen ein:
Der Bürgerkrieg zwischen Rot und Weiß hatte begonnen und
das östliche Gebiet von der Heimkehr abgeschnitten.

Dieses Kapitel ist oft geschildert worden, am unvergeß-
lichsten wohl von dem russischen Nobelpreisträger Michail
Scholochow. Für die Kriegsgefangenen, die sich nicht sogleich den kommunistischen »Internationalisten« anschlossen
sondern Neutralität wahrten, brachte die Zeit schlimmeres

Leid als all die schweren Jahre zuvor. Viele sahen dem fünften sibirischen Winter entgegen. Beargwöhnt als mögliche Feinde von den Bolschewiken und von der reaktionären Partei der Kosaken und tschechischen Truppen, gerieten sie, wenn auch von Stacheldraht umzäunt, zwischen die Fronten. Ihr Schicksal änderte sich mit jedem Stellungswechsel der kämpfenden Mächte. Es gab wieder Hungersnot, Epidemien und sinnlose Erschießungen, da jeder in jedem einen Spion witterte. Mancher Gefangene hatte trotz aller Warnungen den Heimweg aus Asien nach Deutschland zu Fuß angetreten. Seine Chance, durchzukommen, war kaum größer als das Risiko der zurückbleibenden 400 000 Kriegs- und Zivilinternierten in Sibirien, der 35 000 Plennys in Turkestan. Wenn heute noch der in viele Sprachen übersetzte Begriff vom »Engel der Gefangenen« mit Elsa Brändström verknüpft wird, so bezieht sich dieser Titel wohl am meisten auf ihre dritte Sibirienreise.

Sie ist im Buch knapp erwähnt: »Juli 1918 wurde ich ebenso wie zwei schwedische und zwei dänische Delegierte – wir befanden uns damals alle im europäischen Rußland – gebeten, den Versuch zu unternehmen, uns durch die rote und weiße Front mit großen Geldbeträgen nach Sibirien zu schlagen, um die Arbeit für die Kriegsgefangenen wieder aufzunehmen. Die Reise von Moskau nach Omsk dauerte etwa sechs Wochen. Mancher spannende Moment wurde durchlebt, als wir mit Genehmigung des Volkskommissars Trotzki den letzten roten Posten hinter uns ließen und in zwölfstündiger Fahrt mit Tarrantaß (überdachten Pferdewagen) durch die Fronten fuhren, auf der weißen Seite zuerst von einer russischen Patrouille freundlich aufgenommen, dann von tschechischen Truppen verhaftet, als Spione angeklagt, mit Erschießen innerhalb vierundzwanzig Stunden bedroht, aber von einem tschechischen Kriegsgericht freigesprochen wurden und schließlich mit den uns anvertrauten Geldern glücklich in Omsk anlangten.«

Das ist eine stark verkürzte Schilderung. Man könnte sie mit Kriegsgefangenen-Erinnerungen ausmalen. Statt dessen soll angeführt werden, was Elsa Björkman nach dem Tod der Freundin im Tagebuch fand: »Den ganzen Vormittag gequält von einer infernalischen Sehnsucht, nach Hause zu fahren, ein eigenes, privates Leben zu beginnen; sage mir aber, daß ich getan habe, was ich tun konnte, um alle Hoffnung darauf zu zerstören, zuletzt durch diese Reise. Wie schwer ist es manchmal zu wissen, was das Richtige ist! Oft ist mir, als hätte ich das größte Verbrechen begangen, aber gleichzeitig frage ich mich, ob ich nicht so denke, weil es mir so schrecklich weh tut in der Brust. Wenn ich ein Mann wäre, der in bezug auf diese Reise anders gehandelt hätte, so würde ich ihn als Schwächling ansehen. Warum sollte ich mich also, nur weil ich eine Frau bin, nach anderen Maßstäben beurteilen? Daß ich persönlich mir unendlich viel vorzuwerfen habe, dafür gibt es keine Entschuldigung. Aber was die Arbeit betrifft, so meine ich immer noch, daß ich richtig gehandelt habe, wie schwer es mir auch geworden ist ... Und doch, tief drinnen brennt trotz allem die Hoffnung, daß einmal im Leben auch für mich alles gut werden wird; und wenn nicht, habe ich nur den innigen Wunsch, bald bei Mama auszuruhen. Einsam kämpfen kann ich nicht. Es ist eine solche Unruhe in mir, daß ich oft nicht glaube, mein Verstand könnte es aushalten. Die Sehnsucht nach Glück und Ruhe ist ein Traum, der jetzt vor meinen Augen zum Nebel wird. Er löst sich langsam auf, dann stehe ich vor der kahlen, kalten Wirklichkeit – ohne den Traumschimmer des Glücks und der Sonne über mir. Nein, dann ist es besser, nicht mehr zu leben. Ich bin so müde, ich möchte nur frei sein vom eigenen Ich, aber davon kann man wohl nicht frei werden auf dieser Welt.«

Die Aufzeichnungen stammen von der Reise. »Möge ich nur helfen und Freude bereiten können – das wird das einzige sein, was mich von meiner Sehnsucht nach Papa heilen kann«, heißt die letzte Notiz. Dann war Sibirien erreicht, die Arbeit begann, für Journaleintragungen blieb keine Zeit.

In Jekaterinburg, der letzten Station der Zarenfamilie, verurteilte ein tschechisches Standgericht die Delegation zum Tode. »Morgen findet die Exekution statt«, rief ihr der Transport-Offizier gutgelaunt nach. Im Zug erinnert sich Elsa Brändström mitgeführter Schriftstücke, die man als Belastungsmaterial werten könnte. Sie zerreißt sie in kleine Fetzen und ißt sie auf; eine Episode, der die Ausschmückung nicht erspart geblieben ist. So lernen noch heute Kinder des fünften und sechsten Volksschuljahres in Geschichtserzählungen, die gerade ihre 12. Auflage erreichten und in vielen deutschen Ländern benutzt werden, daß während dieser Nacht »alle ihre Tagebücher und viele Briefe von Kriegsgefangenen« zerkaut worden seien. Als sich am nächsten Morgen die Wachmannschaft über Elsa Brändströms blaue Tinten-Lippen wunderte, schob sie die Farbe auf starken Frost im Waggon. »Ich glaube, das war meine erste bewußte Lüge«, hat sie später kommentiert. In Omsk befehligte damals Alfred Knox die britische Militärkommission für Sibirien. Er kannte die Gesandtentochter von vielen Bällen. Jetzt warnte er beschwörend vor der Ungewißheit der militärischen und politischen Verhältnisse hier im Osten, drängte auf Rückkehr. Dem englischen General war es zu danken, wenn an jedem Zug der Entente-Truppen ein Sonderabteil für die Schwedin bereit stand.

Sie nutzte es nicht. Weder das Telegramm der Brüder mit Nachricht von der schweren Erkrankung General Brändströms, noch die schwedische Order, alle unsicheren Punkte sofort zu verlassen, bewogen zur Heimkehr. Die sich eben noch vor Sehnsucht nach dem Vater verzehrt hatte, entsagte jetzt völlig ihrem eigenen Dasein. Sie lernte, wie sie es selbst formuliert hat, begreifen, daß eine Nonne alle privaten Bindungen lösen müsse, um wirken zu können. Post störte nur. Das Kloster Sibirien regierte mit strengster Klausur.

Alfred Knox hat diesem Entschluß seine Bewunderung nicht versagt: »Der Krieg brachte in vielen Nationen viele Heldinnen hervor, keiner aber gebührt nach meiner Meinung soviel Ehre wie Elsa Brändström«, heißt seine Widmung für die erste Biographie über sie.

Der Juli 1918 ist das letzte persönliche Datum im zitierten Buch. Elsa Brändström kehrte aber erst im Juli 1920 nach Schweden heim – zwei Jahre hielt sie diesmal aus. Was sich während der Monate abspielte, wissen wir aus Berichten von Gefangenen und aus Darstellungen des rot-weißen Bürgerkrieges. Die Stationen der Schwedin heißen: Herbst 1918 Entzug jeder Arbeitserlaubnis, untätige und damit schreckliche Wochen in Omsk, Beschattung durch Agenten. Winter 1918/19 neue Legitimation, Aufenthalt in den Lagern um Barnaul. Hilfe bei der Einrichtung von Werkstätten und Fabrikationsbetrieben für Gefangene. Frühjahr 1919 Begleitung der ausgewiesenen deutschen Rückführungskommission bis nach Wladiwostok, Besuch von Lagern im Fernen Osten. Sommer 1919 bis Frühjahr 1920 Krasnojarsk. Inzwischen waren alle schwedischen Delegierten dem Wunsch ihrer Regierung gemäß nach Hause zurückgekehrt. Im kleinen Büro mit dem Rot-Kreuz-Wimpel und der blaugelben Flagge arbeitete nur noch Elsa Brändström. Als die Bolschewiken einrückten, wurden beide Symbole zunächst respektiert. Dann beschlagnahmte ein besonders fanatischer Parteimann deutscher Abkunft, ehemaliger Plenny aus Moskau, den gesamten Besitz des letzten kleinen Stützpunktes. Elsa Brändström zog ins Lager Krasnojarsk, jetzt als freiwillig Gefangene, dem Rang nach »Sanitätsunteroffizier«. Wieder half sie von morgens bis abends in den Baracken, wo Flecktyphus, Ruhr und andere Epidemien erneut um sich griffen. Schlimmer vielleicht grassierte – besonders nach Bekanntwerden der deutschen Kapitulation – die Gefangenenpsychose. Als Depression und geistige Verwirrung breitete sie sich gleichfalls seuchenartig aus.

Schwester Elsa war ernster und nachdenklicher geworden. Ohne Vorräte im Magazin, ohne Geldunterstützung aus den besiegten Ländern konnte sie nur pflegen und anspornen, eine »Lady mit der Lampe« wie Florence Nightingale. Das Licht hieß Mut und Geduld. Ärzte haben berichtet, daß die Todesziffer im Lager durch ihre Unermüdlichkeit von 80 auf 18 Prozent gesunken und Feindschaften, ja Duell-Forderungen durch Gespräche mit der einzigen Frau sogleich ausgelöscht worden seien. Reife Offiziere bekannten, sie hätten die Dreißigjährige als ihre »Mutter« gesehen. Eine große Kraft verschenkte alle Reserven. Dann brach sie zusammen.

Die Bereitschaft, mit dem ganzen Menschen zu zahlen, schien jetzt angenommen zu werden. Elsa Brändström erkrankte an Grippe und totaler Erschöpfung. Ihre Fieberträume kreisten um den nahen Tod, um ein Massengrab in der sibirischen Steppe. Dumpfe Schwermut senkte sich während dieser bangen Wochen über das große Gefangenenlager. Die Patientin genas aber. Sie aß wieder Pferde- und Hundefleisch, ohne daß jemand ihren Ekel spürte, sie arbeitete wieder in den Krankenbaracken, nahm Verhaftungsdrohungen mit lachendem Gleichmut entgegen und flüchtete manchmal in die Einsamkeit. Das Journal notiert: »Wenn alles mir zu schwer zu tragen schien, wenn die Nichtigkeit des einzelnen Individuums lähmend zu Boden drückte, gab es für mich nur ein Mittel, wieder Kraft zu sammeln: eine Nacht unter dem Sternenhimmel zu verbringen, und mich in das Unendliche hinaufsaugen zu lassen. Das Gefühl der Nichtigkeit wird stärker dabei, aber gleichzeitig entsteht die wunderbare Gewißheit, ein lebendes Wesen im Universum zu sein, ein Glied in der Kette des Lebens.«

Elsa Brändström war damals seit vielen Monaten ohne Nachricht von der Familie. Sie wußte nicht, ob ihr Vater noch lebte. Was sie umschloß, ist als »sibirische Tragödie« in der Geschichte verzeichnet, ein furchtbares Kapitel, das mehr als eine Million Opfer forderte, darunter viele Frauen und Kinder. Wir müssen die einzelnen Stationen nicht ausbreiten. Sie stehen schon im Schatten des Zweiten Weltkrieges.

Jeder nicht ganz junge Russe erinnert sich der neunhundert Tage dauernden Beschießung von Leningrad, Elsa Brändströms Geburtsstadt, durch deutsche Truppen. Hitler wollte dieses wichtige Zentrum an der Newa dem Erdboden gleichmachen, Tagesbefehle lassen keinen Zweifel daran. Er hatte auch schon das Programm für die Siegesfeier über eine Stadt entworfen, die sich nie ergab. Auf ihren Friedhöfen begrub sie nach der Bedrohung 632 000 Verhungerte.

Jeder Deutsche über Dreißig bewahrt andere Bilder: Abtransport von Familien, deren Väter im Ersten Weltkrieg höchste Tapferkeitsorden erhalten hatten, Evakuierung in östliche Gebiete und Mord an Millionen Mitbürgern. Hin- und herflutende Züge von zwangsweise rekrutierten Arbeitern russischer Abkunft im Frühjahr 1945. Sie ernährten sich vorwiegend von Steckrübenmieten auf den Feldern. Als dann US-Konserven eintrafen, starben Ungezählte am ersten Überfluß. Andere konnten weder etwas verzehren, noch ihren Namen nennen, wo deutsche Klinik-Ärzte um Auskunft für die Familien baten. Es gibt auch bei uns Massengräber von Verhungerten oder in letzter Minute sinnlos Erschossenen. Ihre Zahl wird immer ähnlich ungewiß bleiben wie Generalfeldmarschall Hindenburgs Bilanz vom Ersten Weltkrieg: »Man hat im großen Schuldbuch des Krieges die Seite aufgeschlagen, wo die russischen Verluste verzeichnet sind, die Zahl ist aber nicht erkennbar ... Auch wir haben keine Ahnung von ihrer Größe. Wir wissen nur, daß wir ab und zu in den Russenschlachten die Hügel der feindlichen Leichen vor unseren Gräben entfernen mußten, um das Schlachtfeld gegen neuanstürmende Gewalthaufen freizubekommen. Mag die Phantasie hieraus die Zahl der Verluste zusammenstellen, eine richtige Berechnung bleibt für ewig ein mißlingender Versuch.«

Im April 1920 lag ein Bericht des Italieners Longare über die Kriegsgefangenen-Situation beim Völkerbund in Genf vor. Philip Noel Baker reiste anschließend nach Norwegen, um Fridtjof Nansen zur Übernahme seines späteren Amtes zu bewegen. Der Zoologe, Weltrekordler im Eislauf, Grönland-Experte und Diplomat sollte als Bevollmächtigter für die Heimkehr der Gefangenen arbeiten. Rußland erkannte zwar den Völkerbund nicht an und würde vermutlich auch das Mandat seines Hochkommissars nicht ernst nehmen. Als Nansen die Berichte Elsa Brändströms las, erklärte er sich trotz aller Schwierigkeiten bereit. Die beiden Skandinavier, von denen es viele verwandte Züge zu berichten gäbe, haben sich übrigens nie persönlich getroffen; aus ihren Äußerungen spricht jeweils große Bewunderung für die Leistung des anderen.

Als Nansens Auftrag in Sibirien bekannt wurde, konnte Elsa Brändström ihre Arbeit mit gutem Gewissen übergeben. Sie wußte seit kurzem, daß ihr Vater in Stockholm noch lebte und der Pflege dringend bedurfte. Omsk erwies sich auch bei der Rückreise als schwierige Station: die Rot-Kreuz-Schwester wurde wochenlang interniert, weil der russische Kommissar Krassin in Schweden unfreundlich behandelt worden war. Am 6. Juli traf sie endlich in Petrograd ein. Dort gab es seit zwei Jahren keine schwedische Gesandtschaft mehr. Aus der großen Villa am Quai war ein Heim für Matrosen geworden.

Viele nun schon vergilbte Fotos halten die Landung Elsa Brändströms im Hafen von Stettin fest. Man empfing sie deutscherseits wie eine Königin, die mehr als Perlen zu spenden bereit gewesen war, nämlich sechs Lebensjahre, Tage und Wochen in ungeheizten Zügen, auf Holzpritschen, in verlausten Baracken, in 50 Grad Kälte, in überfüllten Typhus-Lagern und in Schnee-Einsamkeit mit heulenden Wölfen – unter Kriegsgefangenen in Rußland und Sibirien. Elsa Brändström hat sich nie gern feiern lassen, sie fuhr bald weiter. Am Bahnhof von Stockholm stand der Vater und überreichte seiner langentbehrten Tochter Blumen. Er lebte noch sechzehn Monate.

Albert Schweitzer war gerade von der ersten Orgel- und Vortragsreise durch Schweden mit großen Beträgen für Lambarene ins Elsaß zurückgekehrt. Fünf Tage früher hätte Elsa Brändström ihn noch begrüßen können. Auch diese zwei oft miteinander verglichenen Wohltäter sind sich nie begegnet. Im ersten Brief, der nach 1945 aus Cambridge in die amerikanisch besetzte Zone gelangte – ein Mitglied der Familie Thomas Manns überbrachte ihn – schrieb Elsa Brändström an Oberin Vera Gernandt: »Ich glaube wie Albert Schweitzer, daß, wenn nur genug Menschen die Gedanken der Liebe, der Friedfertigkeit und Sanftmut stark genug denken, dann können wir eine neue Welt erhoffen.«

Der gleiche Wunsch beseelte sie 1920. Aber noch gab es die schreckliche Hypothek der Vergangenheit: mehrere Hunderttausend Kriegsgefangene, die den siebten Sibirien-Winter fürchten mußten. Schon an Bord der »Lisboa« hatte Elsa Brändström einen beschwörenden Aufruf an das Internationale Komitee des Roten Kreuzes in Genf gerichtet. Jetzt wandte sie sich an ihre Landsleute. In Vorträgen und Zeitungsartikeln schilderte sie die Wirklichkeit jenseits des Ural. »Hem från Sibirien!« hieß die unermüdliche Bitte.

Sie fand Echo. Schweden antwortete wie vielleicht nie ein neutrales Volk geantwortet hat. Aufgestellte Sammelbüchsen liefen in allen Städten alle paar Stunden über. Polizisten hätten ihre Probleme gehabt, so wird erzählt, die Verkehrsstauungen an solchen Zentren zu lösen. Ein Land mit sechs

Millionen Einwohnern spendete in wenigen Wochen zwei Millionen Kronen. »Andere als diese schwedische Hilfe hat es im russischen Hungerwinter 1920/21 nicht gegeben«, sagt ein späterer Bericht.

Auch Elsa Brändström war noch nicht wirklich heimgekehrt. Als sie ihren dringendsten Wunsch verraten sollte, erwartete jeder die Antwort: Bequemlichkeit, europäische Zivilisation nach all den Strapazen. Sie sagte statt dessen »Schnelle und gute Verbindungen«. Gemeint waren Züge zwischen Europa und Asien. »Da spürte ich«, erinnert sich die Freundin, »daß sie noch draußen weilte, zwischen den Gefangenen in der endlosen Steppe Sibiriens.« Zwar konnte Fridtjof Nansen, für den Schnelligkeit gleichfalls ein wichtiges Problem war, schon im November 1920 dem Völkerbund mitteilen, daß 150 000 Gefangene zurückgeführt seien. Doch erst sein Abschlußbericht mit der Bilanz »in 18 Monaten kehrten die letzten 447 000 Soldaten aus Rußland nach Hause«, befreite Elsa Brändström von großer Sorge.

Sie hatte ihre Aufgabe erfüllt und wußte, daß sie den Vater bald verlieren würde. Wie sehr er ihr Vorbild gewesen ist, erzählen sogar Freunde, die Elsa Brändström erst in Amerika kennenlernten. Wenn sie kaum von ihrer eigenen Vergangenheit sprach, so muß doch der Einfluß des entschlossenen, geraden Offiziers immer spürbar gewesen sein. Dem Porträt General Brändströms gehörte in allen Wohnungen der Ehrenplatz. »Ich erinnere mich, wie Männer von Tatkraft und Prägung sie beeindruckten, sie verehrte Geheimrat Duisberg, war spontan von Robert Bosch begeistert«, sagt ein Gast der Walker-Street in Cambridge. »Elsa gestand mir einmal, sie habe sich jahrelang dabei ertappt, ihre Gesprächspartner mit dem Vater zu vergleichen.«

In diesen Monaten notiert das Tagebuch wieder Depressionen. Es hatte sie schon während einer Fahrt in Rußland gegeben; auch aus späterer Zeit kennen Vertraute solche Zustände der Niedergeschlagenheit, die wohl Erbteil der mütterlichen Linie waren. Die Patentante Elsa Eschelsson hatte sich während eines solchen Anfalls von Schwermut das Leben genommen. Als die damals noch schulpflichtige Nichte betroffen und traurig über diesen Entschluß ihren Brüdern versicherte, man dürfe nicht vor Schwierigkeiten kapitulieren, ahnte sie nicht, welche Prüfungen die Zukunft bereithielt. Sie glich jetzt, wie Bilder zeigen, der Tante sehr, und befand sich auch in einer schweren Krise. Vielleicht kann nur vor diesem Hintergrund die Lebensleistung Elsa Brändströms richtig gewertet werden. Sie ergab sich nie, spornte an, half, ermunterte, war für andere ein Kraftquell, ein heiler Mensch – und kannte doch jede Verlassenheit. Aus diesem Zusammenhang wird auch die Antwort Brita Skeldings begreifbar, als sie für unsere Darstellung um einen Leitsatz der Mutter gebeten wurde. »Ich brauche nicht zu überlegen, die Maxime hieß: ›Il faut souffrir pour être belle.‹« – Man muß leiden, um schön zu sein. Das hatten wir nicht erwartet. Aus dem Bild, wie es Gefangene und Freunde entwerfen, tritt das Helle, Lachende und Mitreißende dieser Gestalt so überzeugend ins Licht, als sei es das ganze Wesen. Als habe Elsa Brändström ihre gesunde Kraft nur immer selbstlos weiterverschenkt, ohne Nachdenken. Die gewählte Lebensmaxime sagt dagegen, daß Vollendung Schmerzen voraussetzt.

Damals war die Schwedin bereits weltbekannt. In Berlin hatte man 1920 eine Silberplakette mit dem Text geprägt: »In dankbarer Verehrung das deutsche Volk – unvergessen bleibt ihr Wirken für die Kriegsgefangenen in Sibirien.« Ungarn gedachte Elsa Brändströms durch sein Parlament am 23. Februar 1921. »Ich kann diese Gelegenheit nicht ungenutzt lassen«, sagte der offizielle Sprecher Graf Szechenyi, »hier in diesem Hause, wo das Herz der ganzen ungarischen Nation schlägt, wo der Mund des ganzen ungarischen Volkes spricht, im Namen der ganzen Nation dem Fräulein Elsa Brändström unseren heißesten Dank auszusprechen, und neige vor ihr die ungarische Fahne, erfüllt von Hochachtung und Dankbarkeit dafür, daß sie, obwohl eine Fremde, das Los unserer Brüder, der ungarischen Kriegsgefangenen, so warm auf dem Herzen trägt.« Auch aus anderen Ländern trafen Ehrungen ein, dazu jeden Tag viele Briefe – der Postbote stieg immer schwerbepackt in die Bel étage des eleganten Stockholmer Hauses, das im Stil Ähnlichkeit mit der Petersburger Villa hatte. Ein anderer als Elsa Brändström wäre ausgefüllt gewesen, seinen Ruhm zu verwalten und die Annehmlichkeiten der vom Krieg verschonten Hauptstadt zu genießen. Sie besaß dort liebe Freunde, die Brüder lebten in der Nähe, Per als Offizier des königlichen Leibregimentes, Erik, der zunächst Seeoffizier gewesen war, als Direktor einer Fabrik; die besonders geliebte Halbcousine Stina Reutersvärd, später erste Hofdame der Königin Louise, ließ sich mit wenigen Schritten erreichen. Finanzielle Sorgen gab es bei der harten schwedischen Währung nicht. Beide Großväter, Per Brändström in Stockholm und Konsul Eschelsson in Norrköping, hatten einen gediegenen Wohlstand hinterlassen; die Enkelin brauchte sich um ihren Lebensunterhalt nicht zu kümmern. Sie nahm diesen Umstand übrigens nur in der Weise ernst, daß sie immer unentgeltlich gearbeitet hat, in Sibirien, in Deutschland und Amerika. Wie sich eine Sekretärin aus Neusorge erinnert, bezahlte Elsa Brändström sogar in ihrer eigenen Kinderheim-Gründung jeden Aufenthalt.

1920/21, während sie sich mit großer Liebe dem schwerkranken Vater widmete, ist das Buch »Unter Kriegsgefangenen« entstanden. Es wurde nicht geschrieben, um eigene Erlebnisse der Nachwelt zu überliefern. Nur selten findet man die Spur der Verfasserin; wir haben davon berichtet. Es geschah aus dem Wunsch zu dokumentieren. Im Vorwort zur deutschen Ausgabe heißt es: »Trotz der Überzeugung, daß mir die Fähigkeit fehlt, Gesehenes und Erlebtes lebendig wiederzugeben, entschließe ich mich doch zur Veröffentlichung folgender Aufzeichnungen. Denn ich glaube, daß ich der einzige Neutrale bin, der dem Geschick der Kriegsgefangenen in Rußland und Sibirien vom Anfang bis zum Ende der Gefangenschaft gefolgt ist.« Als Rechenschaftsbericht darf dieses Buch zu den wichtigsten Zeugnissen über das Schicksal der Gefangenen im Ersten Weltkrieg gezählt werden. Wer es einordnen müßte, würde es gewiß in die Rubrik Sach-Literatur stellen. Die Feder erlaubt sich keine persönliche Note, kein Abschweifen vom Thema. Sie kommentiert durch Zahlen, nicht durch eigene Urteile. So erfahren wir mit der Genauigkeit, die die Umstände zuließen, Todesbilanzen und Rücktransport-Statistiken, außerdem alles, was in der Heimat geschah, die Härten zu mildern. Beilage 1: »Übersicht über die Verteilung der deutschen und österreich-ungarischen Liebesgaben durch das Schwedische Rote Kreuz vom Oktober 1915 bis März 1918.« Dann folgen 36 Lager, Zahlen von Eisenbahnwagen und detaillierte Inhaltsangaben. Beilage 2: »Zusammenstellung der von Deutschland und Österreich-Ungarn während des Weltkrieges gegebenen Gelder zur Unterstützung ihrer Kriegs- und Zivilgefangenen in Rußland.« Sorgfältig wird vermerkt, welche Hilfsorganisationen die Summen verteilt haben. Beilage 3: »Zusammenstellung der Kosten des Heimtransportes für die Kriegs- und Zivilgefangenen aus Rußland 1918 und 1920/21.« Auch hier gliedert die Statistik noch einmal präzise auf.

Mit ihrem Buch wollte Elsa Brändström aber nicht nur historische Daten geben. Viele Hilferufe aus den besiegten Ländern hatten sie überzeugt, daß die Aufgabe, der sie sich seit sechs Jahren widmete, noch nicht abgeschlossen sei. »War eine Arbeit getan«, erzählt die Freundin Rosemarie Wild, »so wandte sich Elsa Brändström unverzüglich der nächsten zu, wissend, daß das Ausgeführte aus eigener Kraft weiterwüchse.« Aber diesmal war es anders. Die große Not in Deutschland hielt sie fest. Wieder mußten Gelder aufgebracht werden. »Mein heißer Wunsch ist es«, sagt das Vorwort, »den heimkehrenden Kriegsgefangenen zu helfen, da viele von ihnen den Kampf mit dem Leben noch nicht aufnehmen können und doch nicht zu denen gehören, die wegen ihrer vollständigen Invalidität vom Staate versorgt werden. Ich habe deshalb gehofft, aus dem Erlös meines Buches und durch Spenden eine Art Arbeitssanatorium schaffen zu können, in dem früheren Kriegsgefangenen durch Ruhe und sorgenfreie Arbeit die Möglichkeit gegeben werden soll, wieder lebenstüchtige und arbeitsfrohe Menschen zu werden.«

Dieses Ziel wurde schon mit der schwedischen Ausgabe erreicht. Während Elsa Brändström noch daran schrieb, kamen bereits die ersten Heimkehrer zu ihr, um sie an ihren neuen Sorgen teilnehmen zu lassen. »Einmal«, erzählt Bischof Björkquist, »mußten wir in Sigtuna kurzfristig sieben deutsche Wandervögel bewirten. Elsa Brändström hatte den Broteinkauf übernommen, und zwar so, als besuchte uns ein ganzes Regiment. Wir lachten sehr, aber zu Unrecht. In kurzer Zeit war alles von den jungen Leuten verzehrt. Ich fragte die ehemaligen Plennys, was ihnen diese Frau eigentlich so liebenswert gemacht habe. Die Antwort kam wie aus einem Mund: ›Daß sie immer so froh war.‹«

Am 9. November 1921 starb General Brändström. Schwedische Zeitungen widmeten ihm dankbare Nachrufe. Noch im gleichen Monat erschien das Buch seiner Tochter »Bland krigsfangar i Ryssland och Sibirien«. Sie reiste anschließend nach Deutschland, wo eine von Margarete Klante betreute Übersetzung vorbereitet wurde. Diese erzielte in der Deutschen Verlagsgesellschaft für Politik und Geschichte, Berlin, vom Frühjahr 1922 bis zum Herbst 1931 sechs Auflagen. Im Vorwort der letzten heißt es: »Mit der neuen Auflage dieses, der Stiftung gehörigen Buches hoffe ich, um weiteres Interesse für die Kriegsgefangenen und deren Kinder zu werben und weitere wirtschaftliche Hilfe in meiner Arbeit zu bekommen.« Damals wurde in Deutschland bereits eine Bewegung mächtig, die sehr bald begann, den Zweiten Weltkrieg propagandistisch vorzubereiten. Elsa Brändström aber war noch mit den Folgen des ersten beschäftigt.

1922 konnte die Stiftung »Arbeitssanatorium für ehemalige kriegsgefangene Deutsche« ins Vereinsregister aufgenommen werden. Ein dreiköpfiges Kuratorium unterstützte die Gründerin, der selbständige Entscheidungen seit Linköpinger Jugendtagen vertraut waren. »Elsa Brändström arbeitete aus einer tiefen, inneren Sicherheit heraus und völlig eigenwillig. Komitees, Subkomitees, Besprechungen liebte sie nicht. Sie blies gleichsam den Atem ihrer Idee, ihres Willens in den Menschen hinein und vertraute auf seine guten Kräfte. Eile und die gebieterische Devise, der Niedertracht beim Wettlauf den Vorsprung abzugewinnen, prägte ihre ganze Arbeitsweise und erklärte ihre gerechte Ungeduld«, erzählt eine freundschaftlich verbundene Kennerin der Jahre in Deutschland und Amerika. Über der Stiftung standen als Leitsatz Verse des Philosophen Johann Gottlieb Fichte. Sie waren einmal geschrieben worden, um die Nation gegen Napoleons Herrschaft zu sammeln; sie sind im Dritten Reich wie vieles andere dem Mißbrauch nicht entgangen. Elsa Brändström galt Vaterlandsliebe als etwas Natürliches. Daß sie Fichtes Worte in diesem Augenblick wählte, zeigt, wie sehr ihr daran lag, die persönlich mit schweren Nachkriegsschicksalen beschäftigten Nutznießer ihres Sanatoriums auf das Gemeinwohl zu lenken und zur Übernahme kommunaler Aufgaben anzuspornen. Das Motto der Hilfsorganisation spricht auch von ihrer Hoffnung auf eine demokratische Entwicklung:

Du sollst an Deutschlands Zukunft glauben,
an deines Volkes Auferstehn.
Laß diesen Glauben dir nicht rauben,
trotz allem, allem, was geschehn.

Und handeln sollst du so, als hinge
von dir und deinem Tun allein
das Schicksal ab der deutschen Dinge,
und die Verantwortung wär dein.

Diese Worte enthält schon das Gedichtbuch der Schwedin, in dem besonders geliebte, von eigener Hand abgeschriebene Verse seit Jugendtagen bewahrt und immer weiter ergänzt worden sind. Stimmungsbilder und Herzenslyrik gibt es darin kaum; Lebenshilfen, Strophen zur Ermunterung füllen die Blätter, der deutsche Patriot wird mehrmals zitiert. Wir kennen aber auch eine Äußerung Elsa Brändströms, die dem vom Kant'schen Imperativ bestimmten Fichte sehr fremd gewesen wäre. Wenn in deutschen Würdigungen die Adjektive »selbstlos, opferbereit« erschienen, sagte die damit Charakterisierte jetzt oft, daß ihr Impuls zu handeln nie die Pflicht, sondern stets nur die Neigung gewesen sei.

In der sächsischen Gemeinde Schmeckwitz fand Elsa Brändström 1922, was sie suchte. Zwei Stunden von der Bahnstation Kamenz entfernt gab es Moor und Schwefel, Heilmittel also, die für die vielen rheumakranken Sibirien-Heimkehrer besonders wichtig waren. Marienborn, Namensschwester eines heute durch andere Probleme bekannten Übergangsortes, wurde erworben. Das Anwesen bestand aus Kurhaus und Badestation. Es konnte im Höchstfall 85 Gäste aufnehmen. Die Kurdauer betrug vier bis sechs Wochen zwischen den Monaten Mai und November – beides ein Nichts im Vergleich zu ehemaligen Gefangenenzahlen und zur Dauer des Krieges. Dennoch ist das winzige Zentrum vielen Erholungsbedürftigen ein Ort der Ruhe geworden, die dann in gehetzte Familien ausstrahlen konnte. Elsa Brändström »mixte« nach eigenem Wort gern Menschen. Sie war anwesend und versuchte den früheren Gardeoffizier und den Burschen, Generäle und Gemeine ins Gespräch zu bringen. Für sich selbst hat sie zwar Entspannung zeitlebens als überflüssigen Luxus betrachtet; um anderen Freude zu schenken, nutzte sie immer ihren großen Einfallsreichtum. Der Zuschnitt des gemütlichen Fachwerk-Kurhauses war schlicht, sein Geist dank der belebenden Kraft Schwester Elsas stärkend und fröhlich. Vorausgesetzt wurde, daß jeder kleine Dienste zu leisten bereit war und gern bei der Heuernte, beim Beerensuchen und beim Pflaumenpflücken half. So lernten die Heimkehrer nach der Eintönigkeit ihres sibirischen Gefängnisses wieder den Zauber der Jahreszeiten kennen. Dieser sächsische Landstrich entbehrt jeder großartigen Sehenswürdigkeit; sein Charme will entdeckt werden. Erschöpften Menschen ist aber das Einfache, Stille und Verborgene lieb. Sie finden sich dort besser zurecht. Elsa Brändström wird es gewußt haben, als sie den Erlös ihres Buches und vieler Vorträge in dieses Heim steckte. Es schien ihr wohl geeignet, Kummer zu lösen, und – soweit Natur das vermag – innere Harmonie zu stiften.

Wieder fand sie die richtigen Mitarbeiter. Ella von Schack hatte sie wie viele Gäste Marienborns in Sibirien kennengelernt, zu einer Zeit, als die Rot-Kreuz-Schwester bereits vom Tode gezeichnet war. Ungeachtet ihrer Schmerzen, die von einer schweren Tropenkrankheit herrührten, mußte die ausgewiesene Delegierte dann nach ihrer Internierung in Omsk über Wladiwostok die Heimreise antreten. Sie führte einmal um den Erdball. In guten Zeiten konnte Ella von Schack bei der Führung des Hauses zur Seite stehen, brach das Leiden wieder aus, so waren die Gäste rührend um die tapfere, noch im Rollstuhl lachende Frau besorgt. Sie starb am 5. Juli 1924, ein spätes Opfer des Krieges, betrauert von vielen Männern, die sie einmal gepflegt hatte.

Ihr folgte als Betreuerin des Arbeitssanatoriums Marienborn wiederum eine Bekannte der Gründerin aus russischer Zeit. Gräfin Alexandra Üxküll hat unter dem Titel »Aus meinem Schwesterleben« selbst Rechenschaft von ihrer Tätigkeit als Rot-Kreuz-Delegierte in Rußland gegeben. Das

Buch ergänzt Elsa Brändströms Bericht aus der Sicht deutscher Gefangenen-Aktionen, und ginge es nicht über den Rahmen dieser Biographie hinaus, so wäre der Vergleich beider Dokumente in mancher Weise lohnend. Ihre Verfasserinnen haben die Nachkriegs-Stationen des Hilfswerkes dann als Freundinnen weitergeführt. Außer Professor Robert Ulich bewahrt wohl niemand soviele Briefe Elsa Brändströms in deutscher Sprache wie der Nachlaß Gräfin Üxkülls.

Am Ende des Jahres 1922, in dem Marienborn erworben wurde, mußte die Stiftung sich vergrößern. Deutschlands Ernährungslage war katastrophal. Wer 100 Menschen beköstigen wollte, konnte nicht auf die Versorgung der Märkte zählen. Zwar trugen die Obstbäume der Gemeinde Schmeckwitz in diesem Herbst Rekord-Ernten; ihre Verarbeitung zu Mus, Kompott und Marmelade gedieh unter Elsa Brändströms Ansporn auch immer zu einem Fest. Aber der Speisezettel forderte mehr. Außerdem zeigte sich nach kurzer Erfahrung schon, daß vielen Gästen nicht mit einer sechswöchigen Kur geholfen war, um sechs Jahre lang ertragene Stacheldrahtzäune überwinden zu helfen. So wurde im November das Besitztum Schreibermühle bei Lychen im Kreis Templin in der Uckermark gekauft. Wir haben diesen heute kollektivierten Besitz nie gesehen und geben darum die Charakterisierung des Juhl'schen Buches wieder: »Das Gut lag inmitten großer Waldungen und größerer und kleinerer Seen. Von Lychen aus führte eine sechs Kilometer lange, schöne Chaussee durch den Lychener Forst zum Gut, das unmittelbar an den Küstriner See und die großen Forsten des Grafen Arnim-Boitzenburg angrenzte, der in einem Gehege Wisente, Bisons und Wildschafe hielt. Der Fischreichtum des Sees, an dessen Uferstreifen die Schreibermühle Fischereirechte besaß, der Wildreichtum der Wälder und das bunte Leben der vielen Vogelarten verlieh der stillen, allem lauten Verkehr abgewandten Landschaft besondere Reize. 620 Morgen Felder, Wiesen und Wälder gehörten zum Gut. Davon war über die Hälfte unter dem Pflug und sollte den Heimen der Stiftung, solange die Lebensmittelnot anhielt, vor allem mit Getreide und Kartoffeln helfen. Später gingen die Erzeugnisse auch über den Großmarkt und trugen dazu bei, die Kassen der Stiftung für ihre wohltätigen Zwecke zu füllen.«

Viele Briefe erzählen von den nicht merkantilen Früchten dieses neuen Besitzes, den ein Landwirt und ehemaliger Sibirien-Gefangener leitete. Man spürte, wie die Kräfte durch körperliche Arbeit in der Natur wieder wuchsen, und gewann Selbstvertrauen. Man genoß das Aufgehen der Sonne, freute sich der vielseitigen Beschäftigungsmöglichkeiten, die ein Gutsbetrieb mit sich bringt. Und wurden abends im großen Kreis oft schwere Erinnerungen wach, so verloren sie in Erwartung des nächsten Tagewerks doch schon viel von ihrer Dunkelheit. »Die Zukunft«, heißt es in einem Brief, »begann über die Vergangenheit zu siegen.« Freilich ließ auch dieser Blick wenig Raum für Optimismus. Deutschland litt schwer unter den Bedingungen des Versailler Friedensvertrages, der mehr und mehr als »Schanddiktat« empfunden wurde. Dem besiegten Land waren ein Zehntel seiner Bevölkerung, ein Achtel seines Umfangs durch Gebietsabtretungen verloren gegangen, Grenzlandschaften mit wichtigen Eisenerz- und Kohlevorkommen, dazu alle Kolonien. Daß im Falle eines deutschen Sieges ebenso brutale, ebenso kurzsichtige Prinzipien geherrscht hätten, beweisen viele Dokumente, die damals jedoch nicht zitiert wurden. Man erfuhr nur die herrschenden, wahrhaft entmutigenden Tatsachen: Reparationszahlungen von einem Ausmaß, das fast dem Wert des heimgesuchten Landes entsprach, von Entschädigungen, die die alleinige Kriegsschuld Deutschlands voraussetzten und offenbar beliebig vermehrt werden konnten. Zu Beginn des Jahres 1922 besaß die Mark noch ein Fünfzigstel ihres Vorkriegswertes, zwölf Monate später ließ sich die Relation kaum mehr ausdrücken. Alle die kleinen Sparer, Lohnempfänger, Angestellten und Beamten wurden täglich ärmer. Sie sahen aber mit wachsender Erbitterung, daß nicht das ganze Volk dieses Schicksal teilte, daß Spekulanten und Besitzende trotz aller Papierschein-Entwertung immer mehr Vermögen ansammelten. Die Sozialdemokraten, denen das Volk zunächst die Regierung übertragen hatte, waren bereits abgewählt worden. Im Bestreben, die Weimarer Verfassung zu erfüllen und den Grundstein für ein demokratisches und soziales Gemeinwesen zu schaffen, hatte der Kampf um äußere Ordnung sie schon verbraucht. Aber sie hielten fest an den strikten Spielregeln des Parlamentarismus und sahen enttäuscht zu, wie nun andere Kräfte stark wurden, die die Form der Demokratie als ein westliches Übel verachteten. Es meldeten sich bereits extreme Stimmen, Vorboten des Schlimmeren, das folgen sollte. In der vergifteten, haßerfüllten deutschen Nachkriegswirklichkeit müssen Marienborn und Schreibermühle wie Inseln des Friedens gewesen sein.

Elsa Brändström hat die Uckermark sehr geliebt. Wenn sie nicht oft dort sein konnte, so hing das teils mit den zahlreichen Aufgaben ihrer Vorstands-Tätigkeit zusammen, teils mit einem alten Versprechen. Nicht nur hatte sie sich angesichts des sibirischen Elends geschworen, aus seelisch Kranken wieder »lebenstüchtige und arbeitsfrohe Menschen« zu machen; an Sterbelagern in Omsk und Barnaul, in Kansk und Krasnojarsk war durch ihr Wort, sich der Kinder anzunehmen, mancher Tod leichter geworden. »Um mein Versprechen einzulösen, das ich so vielen sterbenden Kriegsgefangenen in Sibirien gab, für ihre Kinder, soweit es in meiner Macht stand, zu sorgen, fuhr ich 1923 nach Amerika und sammelte auf einer sechsmonatigen Vortragsreise die Mittel, um ein Kinderheim zu schaffen und zu erhalten«, schreibt sie in ihrem Buch.

Das ist wieder sehr kurz und beiläufig gesagt. In Wirklichkeit war diese erste Amerikareise eine große Strapaze und ein vielleicht noch größeres Risiko. Die besten Freunde hatten davon abgeraten. Man kannte die Stimmung in den USA; sie galt nicht als deutschfreundlich. Dennoch ließ sich Elsa Brändström nicht entmutigen. Sie hatte ein Buch verfaßt, obwohl sie ungern schrieb und mehr von Taten als von Worten hielt, sie würde auch öffentlich sprechen, um ihre Aufgaben weiterzuführen. Am 22. Januar 1923 bestieg die Schwedin in Hamburg das zur Jungfernreise auslaufende deutsche Schiff »Thuringia«. Es begleitete sie eine Freundin aus Linköpinger Tagen, Gräfin Ellen Douglas, die gleichfalls in Rußland als Delegierte unter Gefangenen gearbeitet hatte, zuerst in Moskau, später während einer schlimmen Hungersnot in Samara. Beide Frauen reisten auf eigene Kosten.

Eben waren sie an Bord gegangen, als die Nachricht von der französischen Besetzung der Ruhr gemeldet wurde. Die amerikanische Presse stimmte der Entscheidung mit 60 % ihrer Blätter zu; auch diese Zahl gab eher den Warnern als Elsa Brändström recht. Sie kabelte sofort nach Deutschland und bat ihre Mitarbeiter, jetzt möglichst viele Kur- und Arbeitsplätze für Männer aus dem Industriegebiet freizuhalten. Sie konnte nicht wissen, daß fast im gleichen Augenblick ihre Heimat wieder großzügige Hilfe anbot. Diesmal folgte Schweden einem Aufruf des Naturforschers Sven Hedin. Die Spenden gingen per Bahn und Frachter an die Adresse Huyssenstift Essen. Dort hatte Anna Linder ihr Quartier bezogen; für zwei Jahre, wie sich später erwies. Elsa Brändström kannte den Asien-Experten Hedin von Gesellschaften in ihrem Petersburger Elternhaus, die Landsmännin durch gemeinsame Arbeit in Sibirien. Anna Linder, geb. Baronesse Pfeiff, war fünf Jahre als Rot-Kreuz-Delegierte tätig gewesen und mit Krücken heimgekehrt, weil man am Baikalsee ihren Knochenbruch falsch behandelt hatte. Die Universitäten von Upsala und Bonn verliehen ihr später den Ehrendoktorhut. In Deutschland ist die 1950 gestorbene Schwedin vor allem wegen ihrer Hilfe während der Ruhrbesatzung unvergessen. Als russische Kommunisten 1917 in das von ihr verwaltete Liebesgaben-Depot hatten eindringen wollen, hieß die Antwort der Schwester: »Vergeßt nicht, daß ich aus dem Lande Karls XII. stamme. Nur über meine Leiche kommt ihr ins Lager.« Als das Krankenhaus Huyssenstift von Franzosen beschlagnahmt werden sollte, kaufte es Anna Linder in der nächsten Stunde und entzog das Haus als schwedisches Eigentum dem Zugriff der Besatzung. Beide Male vermochte sie sich durchzusetzen. Die Stadt Essen erinnert an ihre Wohltäterin durch den »Anna-Linder-Weg« in Bredeney und durch eine Bronzetafel hoch über dem Ruhrtal.

Kühl, so heißt es in Presseberichten von der Ankunft der »Thuringia«, sei nur das New Yorker Wetter am Februarmorgen ihrer ersten Landung gewesen. Schiffs-Reporter hatten unter den Passagieren einen berühmten Gast entdeckt. Daß sie überhaupt so früh auf den Beinen waren, beweist die gute Reise-Vorbereitung der Freunde dieses Unternehmens, die es bei aller Skepsis doch gegeben hatte. Bischof Nathan Söderblom gehörte zu diesem Kreis ebenso wie der schwedische Generalkonsul Lamm, Prinz Max von Baden ebenso wie der Hamburger Bankier Max Warburg. Sie kannten Amerikas Begeisterungsfähigkeit und hatten deshalb einen »Engel« angekündigt, »The Angel of Sibiria«. Er wurde – so schrieben mehrere Provinzblätter – »von einer richtigen Gräfin« begleitet.

Elsa Brändström wußte, wieviel für ihr Unternehmen von dem Eindruck abhing, den die Journalisten weitergeben würden. »Sie saß, umringt von Reportern und Kameras im großen Salon des Schiffes«, erzählt Dr. Börje Brilioth. Auch er hatte die Bettelreise mit vorbereitet. »Schlagfertig und frisch, elegant und findig antwortete sie auf jede Frage: ›Stimmt es, daß Sie 400 000 Gefangene gerettet haben? Was halten Sie vom amerikanischen Alkoholverbot? Mußten Sie in Sibirien sehr unter Läusen leiden? Haben Sie Rasputin gekannt? Wie sah die Zarin aus?‹ Diese erste Runde gewann Elsa Brändström schon, ehe sie New Yorks Hafen betreten hatte.« In den Zeitungsartikeln, die Gräfin Douglas gesammelt hat, werden sehr unterschiedliche Züge der Schwedin hervorgehoben. Die einen schildern sie buchstäblich wie etwas Außerirdisches und Engelhaftes, andere betonen ihre demokratische Einfachheit, das geduldige Warten am Zoll, obwohl alle Passagiere Spalier gebildet hätten, um Elsa Brändström den Vortritt zu lassen. Einen Reporter beeindruckte sie, weil alle Kosten dieser weiten Reise von ihr selbst bezahlt wurden, den Korrespondenten eines Südstaaten-Blattes, weil sie mit mehreren europäischen Königinnen Tee getrunken hatte. Man spürt den Berichten sehr deutlich an, für welchen Leserkreis sie gedacht waren. Die Skala der Kurz-Biographien reicht von völliger Gleichsetzung mit der besonders an New Englands Küstenstrichen geliebten Florence Nightingale über Szenen, wie die unerschrockenen »Northmen« nun ein zweites Mal nach Amerika gekommen seien, nicht um Land sondern um Barmherzigkeit zu erobern, bis zu Stories von Wild-West-Abenteuern Elsa Brändströms im kalten Sibirien.

So unterschiedlich wie das Echo der Presse zeigte sich Amerika selbst. Der erste Vortrag fand im berühmten New Yorker Hotel Astoria statt. Die Wohlfahrtsorganisation »Quarter Collection« (Vierteldollarspende) gab zum Willkommen ihren Gästen ein Essen. Daß anschließend die Zuhörer 4000 Dollar schenkten, war für beide Reisende ein verheißungsvoller Auftakt. Daß die verwöhnten Kellner dieses Hauses alle Abend-Trinkgelder spendeten, überraschte sie sehr, bestärkte aber auch ihre kühnen Spekulationen. Marie Gallison-Reuter hat in ihrem Buch »Mein Leben in zwei Welten« von dem Empfang erzählt. Sie war selbst für hungernde deutsche Kinder durch die Vereinigten Staaten gereist und wußte, mit welchen Beträgen bestenfalls zu rechnen sei. Von diesem Abend, an dem sie die »prachtvolle, bezaubernde nordische Schönheit« Elsa Brändström kennenlernte, datierte ihr Wunsch, der bewunderten Frau zu helfen. Marie Gallison sammelte künftig nicht mehr allein für Kaiserswerth; die Hälfte aller Gelder floß später dem Kinderheim Neusorge zu. Sie hat, nach Europa zurückgekehrt, oft über Elsa Brändströms Arbeit gesprochen, in der Frankfurter Paulskirche wie vor Adolf Hitler. »Als ich die Schwedin an jenem Abend traf, sagte sie mir, sie werde nicht eher nach Deutschland fahren, bis sie wenigstens 100 000 Dollar mitbrächte«, heißt es in ihren Lebenserinnerungen. Damals weilte auch Minister Wallenberg in New York. Auf seine Frage nach den finanziellen Erwartungen der beiden Landsleute antwortete Gräfin Douglas: »Ein Kinderheim, ich denke, mit 60 000 Dollar wird es zu kaufen und zu unterhalten sein«, woraufhin ihr der erfahrene Politiker entgegnete: »Sagen Sie Elsa Brändström, die Hälfte dieser Summe wäre bereits ein grandioser Erfolg.«

Am 20. Februar begann die erste Tournée der Vortragsreise durch Amerika. Sie ging nach Boston, Buffalo, Detroit, Chicago, Minneapolis, Rock Island, Lindsborg, St. Louis, Pittsburgh und Philadelphia. Ihr schloß sich vom 17. Mai bis zum 20. Juli die Durchquerung des Kontinents an: Salt Lake City, San Franzisko, Los Angeles; auf dem Rückweg Portland, Seattle und Vancouver. 65 Großstädte wurden berührt, außerdem viele kleine Orte, in denen die Vorankündigung nicht immer wunschgemäß erfolgt war. Manchmal konnte dann noch ein Junge gefunden werden, der mit großem Plakat auf dem Rücken den »Engel« für 8 Uhr verhieß; doch oft mußten die Beiden ihre Reklame mit Farbtopf und Pinsel selbst schreiben und an die Zäune kleben. Das Tagespensum enthielt Reisen und 2–3 Vorträge an verschiedenen Orten in deutsch, schwedisch oder englisch. Die Zuhörer waren Ford-Arbeiter am Erie-See und Filmschauspieler in Hollywood, Mormonen im Staate Utah und amerikanische

Schweden in Seattle, die sich übrigens viel spendenfreudiger zeigten als Einwanderer deutscher Herkunft.

»Das geschriebene Wort war kein gehorsamer Diener Elsa Brändströms«, sagt ihre erste Biographin, »auch kaum das gesprochene, es war die Kraft der Persönlichkeit, die alle Säle füllte, wo sie auch auftrat. Schon die Erscheinung wirkte mitreißend und überzeugend. Im Tagebuch lesen wir, daß Künstler ihrer Ausdrucksmöglichkeiten wegen beneidet werden, Maler und Bildhauer etwa, die mit anderen Mitteln formen. Aber die Präsenz dieser Frau fesselte immer mehr als schönste Formulierungen. Einfache Menschen waren beglückt, Intellektuelle meist erstaunt und nachdenklich.«

Zu den Sälen dieser Vortragsreise zählten blumengeschmückte Konferenzräume in Luxus-Hotels, Colleges mit eifrig notierenden Studentinnen, Fabrikhallen und Kirchen, Marktplätze und Kindergärten. Immer war mehr von der Zukunft als von der sibirischen Liebestätigkeit die Rede. Elsa Brändström rechnete den praktischen Amerikanern vor, daß sie für einen Kurgast der Stiftung monatlich ungefähr 30, für ein Kind etwa 20 Dollar benötigte. Meist wurde sie verstanden. Es gab aber auch »Werbebesuche« bei großen Firmen, wo der Chef sie trotz vorzüglicher Empfehlungsbriefe stundenlang warten ließ, gar nicht zu sprechen war oder lächelnd bedauerte.

Ein Kenner dieser Goodwill-Tour meint, sie sei fast so anstrengend gewesen wie die schlimmsten Zeiten im rotweißen Bürgerkrieg. Zu den Strapazen, sich täglich mehrere Male auf einen ganz neuen Hörerkreis einzustellen, zu den weiten Entfernungen innerhalb Amerikas müsse man noch die vielen wohlgemeinten Parties rechnen. Um die Reise familiär und billig zu halten, wurden die beiden Schwedinnen zur Übernachtung jeweils an die Orts-Honoratioren vermittelt, und dort galt es dann abends noch Rechenschaft zu geben nicht nur vom Tage, sondern möglichst vom ganzen Leben. Elsa Brändström hat selbst erzählt, daß sie sich als

Ruhepause nur an den amerikanischen Nationalfeiertag erinnere. Aber auch das ist eine Beschönigung. Am 4. Juli
reisten die »Bettlerinnen« nach Minnesota und rauchten dort
im Indianer-Reservat mit federngeschmückten Häuptlingen
viele Friedenspfeifen.

Am 15. Oktober 1923 traf die Gründerin wieder in Marienborn ein. Sie brachte 100 000 Dollar, Geld allerhärtester
Währung mit. Briefe dieser Zeit sprechen dankbar von ihren
Erfahrungen in Amerika, die sich noch um ein Vielfaches
mehren sollten, denn vier weitere Reisen über den Atlantik,
ein langer Aufenthalt in den USA standen Elsa Brändström
bevor. Man erinnere sich der Worte ihrer Stockholmer Se-
minarvorsteherin: Zumindest teilweise hatte Anna Sandström die einstige Kandidatin richtig eingeschätzt, sie war
für die Neue Welt geeignet.

Das »Handbuch der Liebestätigkeit in Sachsen« (Landesverein für Innere Mission, Dresden 1927) verzeichnet den Erfolg dieser amerikanischen Reise. Er heißt: »Kinderheim Neusorge bei Altmittweida i. Sa., Ruf: Altmittweida 452; Träger: Stiftung unter Leitung von Elsa Brändström; Zweck: Aufnahme von Kindern ehemaliger Kriegsgefangener aus Rußland, Frankreich und England zur Erholung oder zu dauerndem Aufenthalt, soweit die Kinder moralisch und körperlich entwicklungsfähig sind. Kinder mit offener und vorgeschrittener Tuberkulose sowie anderen ansteckenden Krankheiten und Krämpfen werden nicht aufgenommen. Aufnahmebedingungen: Kinder, die Waisenrente beziehen, werden gegen Abtretung dieser Rente aufgenommen, und die Stiftung trägt den Restbetrag der Unkosten, bei Selbstkosten von 60 Mark monatlich. Kinder, deren Eltern leben, werden je nach der wirtschaftlichen Lage der Angehörigen gegen Entrichtung der Selbstkosten oder Ermäßigung derselben ausnahmsweise bis zur Freistelle aufgenommen. Kurperioden: 1. Januar bis 27. März; 1. April bis 27. Juni; 1. Juli bis 28. August; 1. September bis 27. November.«

Im »Handbuch der historischen Stätten in Deutschland – Sachsen« (Kröner, Stuttgart 1965) wird der Ort näher beschrieben: »Für das 1350 genannte, zum Waldhufendorf Zschöppichen gehörige Herrengut (allodium), das 1445 als Rittersitz überliefert ist, wurde im 16. Jahrhundert der 1541 zuerst auftretende Name Neusorge üblich. 1551 war das Rittergut Mittelpunkt einer umfänglichen Grundherrschaft im Bezirk der Familie von Schönberg. Diese verkaufte die Herrschaft 1610 an den Käufer, der Neusorge zu einem

Amt machte, es jedoch 1689 an den General von Arnim weiterveräußerte. Auf den Grundmauern des alten, hoch über der Zschopau gelegenen Schlosses wurde um 1720 ein in großartiger Form geplanter neuer Schloßbau begonnen, jedoch nie vollendet.«

Als Elsa Brändström am 17. Dezember 1923 vom Leipziger Fürsorgeverein die ganze Anlage auf 10 Jahre pachtete, gehörten zur Geschichte Neusorges weitere Besitzernamen: Sächsische Kurfürsten und Oberste Reiterführer, der Kammerherr Günther Hans Albert Alexander von Carlowitz, schließlich die Stadt Leipzig. Über dem Schloß schien jedoch bislang kein guter Stern gestanden zu haben. Der erste Herrensitz war sofort nach der Hochzeit des Eigentümers durch Blitzschlag abgebrannt; den großzügig geplanten dreiflügeligen Barockbau hatten der Siebenjährige Krieg und folgende Notzeiten unvollendet gelassen. 150 Jahre lang beherrschte ein mächtiges, aber unfertiges und nie bewohntes Schloß den Hang über Zschöppichen. Nach alten Plänen hatte der Leipziger Fürsorgeverein dann den Baukomplex ergänzt und eine Orangerie hinzugefügt. Sein Neusorger Kinderheim blieb jedoch nur wenige Jahre geöffnet. Die Inflation machte den Unterhalt des großen Hauses, das mehr als zweihundert Menschen aufnehmen konnte, bald unmöglich. So übernahm auch Elsa Brändström einen eigentlich »toten« Besitz mit Spinnweben in allen Ecken und Moos auf den Treppen. Am 15. Januar 1924 eröffnete sie und versprach in ihrem Tätigkeitsbericht der Stiftung: »Die Kinder sollen durch verständnisvolle Liebe eine individuelle Erziehung und eine glückliche Kindheit finden, wobei sie so praktisch wie möglich durch Arbeiten in Haushalt und Gärtnerei erzogen werden.«

Ende 1924 hieß es: »Mit den in Amerika gesammelten Geldern schuf ich das Kinderheim Neusorge. Bald wurde es mit ein paar hundert kleinen Schützlingen im Alter von 1—15 Jahren bevölkert, und während des nunmehr verflossenen Jahres sind ca. 700 Kinder bei uns gewesen. Die meisten kamen zu dreimonatiger Kur, aber auch manches Waisenkind kam, um eine Heimat hier zu finden und solange bei uns zu bleiben, bis es reif ist, ins Leben hinauszutreten.«

Dieses Arbeitsfeld war neu für Elsa Brändström. Sie hatte nie daran gedacht, sich als Jugenderzieherin zu betätigen. Das pädagogische Studium in Stockholm sollte, wie man sich erinnert, der Erwachsenenbildung zustatten kommen. Dieser Vorbereitung waren dann sechs Jahre Gesellschaftsleben in Sankt Petersburg und sechs Jahre unter Kriegsgefangenen gefolgt. Nach der Rückkehr hatte man der Schwedin hohe Ehrenämter und Posten angeboten, die ihrem glänzenden Organisationstalent entsprachen. Sie, die an Reisen durch Erdteile, an große Aufgaben im großen Rahmen gewöhnt war, lehnte jedoch ab und nahm mit einem sächsischen Waldhufendorf vorlieb, obwohl selbst engste Freunde dieser Entscheidung gegenüber kein Verständnis zeigten. Sie fanden, daß es genügend tüchtige deutsche Frauen gäbe, die sich der Nachkriegsprobleme ihrer Landsleute widmen könnten. Elsa Brändström ließ den Einwand gelten, doch ihre Antwort lautete: »Ein Versprechen ist immer eine Pflicht. Aber ein Versprechen, das man einem Sterbenden gegeben hat, ist eine heilige Last, die solange drückt, bis man sie zum Ziele getragen hat.«

Anni Rothe wurde ihre beste Mitarbeiterin. Sie hat Elsa Brändströms Leben von nun an begleitet in Deutschland, während der letzten Rußlandreise und in Amerika. Die hessische Generalstochter entstammte mütterlicherseits jener Darmstädter Familie Merck, deren Vorfahr Johann Heinrich durch seine »Mephisto-Natur« auf den jungen Goethe gewirkt hatte. Anni Rothe war ausgebildete Krankenschwester mit dem Spezialgebiet der Kinderpflege. Ihre weiteren Stationen: Gefangenenhilfe in mittelrussischen Industrie- und Bergwerksgebieten, Arbeit im Märkischen Haus für Krankenpflege Berlin, einer der besten Anstalten des Roten Kreuzes. Ehemalige »Neusorger« schildern sie als warmherzig, intelligent, still und verständnisvoll. Daß sich in ihrem Kreis die Frage stellen konnte, wen man lieber möge, Schwester Elsa oder Schwester Anni, zeigt den Rang dieser Frau. Brita Skelding spricht von ihr wie von einer zweiten Mutter. Wenn sich die erste später den wieder kontinentumfassenden Aufgaben so intensiv zuwenden konnte, geschah es im Wissen um bewährte Stellvertretung in der Familie. Anni Rothe hat ihre Freundin nur um wenige Jahre überlebt, sie starb nach langem Leiden in Cambridge. Robert Ulich hat ihrer Treue ein schönes Gedicht gewidmet.

Für die Neusorger Zeit Elsa Brändströms gibt es so viele Informanten, daß man Zuschnitt und Geist des Kinderheimes aus ihren Erinnerungen deutlich ablesen kann. In diesem Fall besitzen wir aber auch ein wichtiges Dokument aus der Feder der Stifterin. Darin hat sie sich – was bei ihr so selten geschah – programmatisch geäußert. Weil hinter dem abstrakten Thema »Erziehung« mehr persönliche Züge auftauchen als in den meisten Briefen Elsa Brändströms, Nachklänge der eigenen Kindheit vor allem, zitieren wir dieses Lebenszeugnis ausführlich.

Ihre Gedanken zur Erziehung wurden 1924 in der Dezembernummer der Zeitschrift »Heimkehrer« veröffentlicht und wegen der großen Nachfrage später noch einmal gedruckt. Im Auszug heißt es: »Das Verantwortungsgefühl bei Eltern ist sicher groß, aber noch größer muß das Verantwortungsgefühl bei denjenigen sein, denen anderer Leute Kinder anvertraut sind. Verantwortung ist die beste Triebfeder in unserer Entwicklung. Sie zwingt uns oft, über Fragen nachzudenken, über die wir nie gegrübelt haben, ja, sie zwingt uns, uns selbst in ein klares Verhältnis zu diesen Fragen zu stellen ... Ich will hier versuchen, einige unvollständige und unzusammenhängende Gedanken zu erörtern, die mir während meiner Neusorger Zeit gekommen sind.

Sie sind nichts anderes als Gedanken eines Laien und ganz subjektiv.«

Nach dem schon zitierten Kapitel über die Ursprungskräfte des Menschen fährt Elsa Brändström fort: »Viele Idealisten glauben, der Weg zum Ideal führe über Formlosigkeit und Unbegrenztheit – ganz im Gegenteil. Wenn wir weiter das Bild der Quellsprünge beibehalten, so wissen wir, daß das Wasser sich in der wüsten Steppe unnütz verläuft, falls nicht tiefe Flußtäler geschaffen werden, in denen es ruhig fließt und sich sammelt, bis die Wassermenge so groß ist, daß eine Oase sich bilden kann. Dem Kind muß geholfen werden, daß sich seine vielen Quellsprünge nicht im Sande verlaufen ... Das Beste, was wir in uns haben: das Rechte, was wir dachten, das Schöne, was wir träumten, das, was wir in Liebe wollten – das dem Kinde zu geben, ist nicht nur unser Recht, es ist sogar unsere Pflicht ... Eine glückliche Kindheit muß reich an Höhepunkten sein, an Episoden, die aus dem Alltagsleben herausspringen und die später in der Welt der Erinnerung als Markstein hervortreten ... Eine glückliche Kindheit muß das Schönste von allem haben: Erinnerung an Menschen, die es mit Recht oder Unrecht vergöttert hat. Bewunderung ist eines von den lebenspendendsten Gefühlen, die existieren; und arm ist der, der als Kind nicht Gelegenheit gehabt hat, sich hemmungslos der Bewunderung für irgendeinen Erwachsenen hinzugeben. Typisch ist, daß das Kind in seiner Phantasie auch die Zeiten seines Helden zu dessen Vorteil ausmalt, die es nicht kennt. Diese loyale Eigenschaft, die so stark beim Kind ausgeprägt ist, (nämlich immer das Beste zu glauben), sollten wir nachzuahmen versuchen, wenn wir das Kind beurteilen ... Ist nicht Frechheit eine verwachsene Keckheit? Habgier eine verwachsene Sparsamkeit? Verschwendung eine verwachsene Freigiebigkeit? Wie leicht ist es für den Erwachsenen, der Einfluß auf das Kind hat, die Umschaltung vorzunehmen ... Die Einstellung der meisten Erwachsenen zur Arbeit ist der des Kindes ganz entgegengesetzt … Sicher ist Arbeit da, damit wir leben können, aber sie ist nicht dazu da, damit wir sie als unbequeme und drückende Last empfinden. Man sehe sich als Beispiel das Kind an. Wenn es sich ungestört entwickeln darf, so gibt es kaum ein größeres Arbeitstier … Durch vollständig fehlerhafte Anleitung seitens der Erwachsenen werden die meisten Kinder soweit gebracht, daß sie die allgemeine traurige Auffassung über Arbeit teilen. Wie falsch ist das. Gibt es etwas Erfrischenderes, etwas Anregenderes als Arbeit? Dem Kinde seine natürliche Neigung zum Schaffen zu rauben, ist eines der größten Verbrechen, das wir begehen können.

Das Kind zeigt oft eine ausgesprochene Selbständigkeit und Eigeninitiative und lebt nach seiner natürlichen Neigung sein Leben im Spiel und in der Arbeit. Aber leider versucht die Umgebung allzu oft, das Kind umzustellen, damit es sich nicht von der Umgebung unterscheidet. Es soll einer von den tausenden Dutzendmenschen sein, die nach spießbürgerlichen Sitten ein Leben ohne Risiko führen.

Nein! Laßt das Kind und später den jungen Menschen auf seinem eigenen Gebiet schaffen und arbeiten, auch wenn die Arbeit aus dem Rahmen des Alltäglichen fällt. Lehrt das Kind, etwas zu wagen. Unendlich mehr Menschen verkümmern durch zu große Sorgfalt im Leben, als daß Leben verloren geht durch überschätzte Kraft und dummdreisten Mut. Laßt das Kind bald verstehen, daß die Welt dem Starken gehört, und laßt es seine Kräfte an einer Arbeit messen, die es zwingt, jeden Muskel körperlich oder geistig bis zum Äußersten zu spannen, laßt es die Freude erleben zu fühlen, wie die Fähigkeiten sich in jedem schweren Kampf entwickeln: dann wird es ein glücklicher Mensch … Ein glücklicher Mensch besitzt Selbstdisziplin, die ihm hilft, das Lebenspferd zu zügeln und zu reiten, nicht sich von ihm niedertreten zu lassen. Selbstdisziplin hat in sich eine gewisse Selbstbeherrschung; aber nicht die Selbstbeherrschung, die im Dulden und sich alles Gefallenlassen besteht, sondern die Selbstbeherrschung, die macht, daß man kämpfen kann, warten kann und siegen kann ohne Lärm, ohne Bitterkeit und ohne Übermut.«

Mit dieser großzügigen Einstellung ging Elsa Brändström an ihre neue Aufgabe. Sie sah wie immer vor allem die wesentliche Linie. System und Methode blieb den zahlreichen, sehr unterschiedlichen Erziehern überlassen, die in Neusorge gearbeitet haben. Ihrem Urteil nach hat das Kinderheim viele tüchtige, freie Menschen herangebildet, denen die Prägung durch Elsa Brändström richtunggebend für das ganze Leben geblieben ist. Wie gern man sich der Tage im Schloß erinnert, beweist der starke Zusammenhalt zwischen den einstigen Erziehern und Kindern: alljährlich trifft sich der Neusorger Kreis noch – freilich nie mehr in Zschöppichen an der Zschopau.

2933 »kleine Mitbürger« haben dort in manchmal wiederholten Kurperioden von drei Monaten wunderbare Ferien genossen oder als »Stammkinder« einen großen Teil ihrer Jugend zugebracht. Sie waren je nach Alter und Geschlecht in Familien mit 25 Personen aufgeteilt. Zu diesem Rahmen gehörten eigene Schlafsäle, Wohn- und Spielzimmer. Die Leitung der »Sippen« hatten Jugendleiterinnen aus dem Berliner Pestalozzi-Fröbel-Haus, Schwestern, und nachdem eine Haushaltungsschule angegliedert worden war, besonders fähige ältere Mädchen dieser Abteilung. Für die Jungen-Gemeinschaften kamen noch »Väter« hinzu, meist Studenten verschiedener Fakultäten der Universität Halle. Sie alle kannten normalerweise nicht die Herkunft und früheren Lebensumstände ihrer Schützlinge. Elsa Brändström gab ihnen die Akten nur zu lesen, wenn auftauchende Schwierigkeiten das Wissen um tiefwurzelnde Milieuschäden erforderlich machte. Sie wünschte von den Erziehern gänzliche Unvoreingenommenheit und die Bemühung, jedes Kind seinem Charakter nach zu erfassen, damit es sich nach eigenen

Voraussetzungen entwickeln konnte, nicht nach einem Schema für »Dutzendmenschen«.

Es fällt auf, wie sehr der Erziehungs-Aufsatz das Glück als Ziel heraushebt. Was darunter zu verstehen ist, wird klar ausgesprochen: Sammlung aller Kräfte, Harmonie, Arbeitsfreude und Wagemut; Tugenden, die für die kleinen Gäste, wenn sie kamen, fast unerreichbar erscheinen mußten. Wären sie in richtigen Familien aufgewachsen, hätte man sie ja nicht nach Neusorge gegeben. Die Kinder stammten aus zerrütteten Ehen, hatten ihren Vater nie oder kaum gesehen, waren in Hungerzeiten geboren worden und brachten die Spuren mit: Rachitis, Nervosität, Bettnässen, Oedeme, Appetitlosigkeit, Übersensibilität. Viel Geduld setzte es voraus, ihnen ein Lachen, ein bißchen Freude am Leben abzugewinnen, viel Kraft, die nach Monaten noch Weinerlichen und nicht Stubenreinen ebenso lieb zu haben wie die einfachen Kinder. Es kamen auch Zöglinge mit dem Dünkel, daß ihr Vater »aber Oberst« gewesen sei und daß sie Strohsäcke, die in Neusorge üblich waren, nicht wünschten. Andere hatten keine ihrem Alter entsprechende Schulbildung – es gab viele allgemeine und viele individuelle Probleme im Schloß. Ohne Elsa Brändströms Genie, jeden mitzureißen, wären sie unlösbar gewesen, meint ein ehemaliger Erzieher.

Sie tat alles, diesen Schattenkindern Höhepunkte zu schenken. Das eigene Beispiel war dabei die stille Werbung. Ob Kohlen eingeschaufelt werden mußten und man sich anschließend mit noch schwarzumränderten Augen einen Festkaffee leistete, ob es um die Anlage des Sportplatzes ging, Schwester Elsa legte selbst Hand an. Sie schüttelte Birnen und rodelte mit in dem schönen Gefälle des sächsischen Hügellandes, sie packte Rucksäcke für Tagesausflüge und war dabei, wenn die Größeren über Berlin und Potsdam in langen Märschen zur Kartoffelernte nach Schreibermühle wanderten. Sie hatte von einer Fabrik zehn Fahrräder für den langen Schulweg ihrer Kinder nach Altmittweida geschenkt bekommen und duldete es lachend, daß künftig immer »ihrer zwee uf d'r Miehle«, wie die Dörfler sagten, talwärts steuerten. Anstaltskleidung gab es nicht. Um den Ruf der Waisen oder sonst Benachteiligten in der Gegend zu heben, holte Elsa Brändström sie nach der Schule gelegentlich im Auto ab. Auch dieses Verkehrsmittel war eine Spende, die man ihm jedoch nicht ansah. Zunächst gab es den vielseitig nützlichen Chauffeur; dann lernte Elsa Brändström selbst fahren. Wie weit sie es in dieser Fähigkeit gebracht hat, war nicht eindeutig zu ermitteln. Die Einen erinnern sich ihrer Überlegenheit auch am Steuer; die amerikanische Freundin Mrs. Cope weiß von der oft geäußerten Bitte beim Parken: »You do it for me, Alice«, und jedenfalls hat es im Bezirk Chemnitz einen Polizeibeamten gegeben, der eigentlich protokollieren wollte, nach Prüfung der Personalien sich aber dann mit den Worten verabschiedete: »Jetzt kenne ich ›den Engel von Sibirien‹. Dies ist der schönste Tag meiner langen Dienstjahre.«

Schliefen die Kinder in großen Sälen und lebten sie spartanisch einfach – im Abschlußbericht über Neusorge wird der Kostensatz pro Tag und Person mit 2 Mark angegeben – so geschah alles, sie geistig zu fördern. »Wir sprachen von Schulen«, berichtete Anna Warburg nach einem Besuch, »und Elsa erzählte, daß die Kinder in verschiedene Anstalten gingen, einige in die Volksschule, andere in die höheren Schulen von Mittweida. Als ich sie fragte, wie sie bestimmen könnte, welcher Zweig zu wählen sei, antwortete sie: ›Aber ich habe doch ihre Väter gekannt und ihnen versprochen, so für die Kinder zu sorgen, wie sie es selbst getan hätten.‹ Die Schüler murrten natürlich oft über den weiten Weg in Wind und Wetter. Dann erzählte ihnen Elsa vom Schnee und von den Entfernungen ihrer schwedischen Heimat.«

In Neusorge feierte man die Feste nicht, wie sie fielen. Man bereitete sie vor durch Einüben von Liedern, Gedichten, kleinen Theaterstücken. Die einzelnen Familien boten dabei im Wettstreit ihre besten Kräfte auf. Als Humperdincks Oper »Hänsel und Gretel« geprobt wurde, mußte sogar jeder eine Rolle übernehmen.

Auch Erzieher und Haushaltungsschülerinnen luden manchmal zu Theaterabenden ein. Auf ihrem Programm standen Goethe, Hauptmann und Ibsen. Zum Vergleich durften die Größeren später sächsische Bühnen besuchen und Dresdens Museen kennenlernen. Daneben gab es die Familienfeste: Weihnachten, das Stiftungsfest Neusorges am 16. Januar, Geburtstage, Konfirmations- und Kommunionfeiern. »Jedes Ereignis wurde seiner eigentlichen Bedeutung nach gewürdigt, es ging nicht um Kaffeeschlachten wie in den meisten Familien bei den meisten Festen, sondern um den Kern dessen, warum man sich zusammenfand. In diesem Kreis von gelegentlich dreihundert Personen haben wir mehr Sinn für das Außeralltägliche bekommen als an den üppigsten Tafeln«, erzählt ein ehemaliges Stammkind.

Elsa Brändström war nicht immer anwesend. Oft mußte die blaugelbe schwedische Fahne, das Zeichen ihrer Gegenwart, vom Dachfirst des Schlosses niedergeholt werden. In diesen Jahren verliehen ihr die Universitäten Upsala, Tübingen und Königsberg den Doktorhut honoris causa, wurde sie Ehrenmitglied des Senats der Universität Halle. 1925 reiste sie mehrere Wochen durch Schweden, hielt Vorträge und gewann neue Gönner für ihre Stiftung. »Nicht ohne Zaghaftigkeit« sprach sie am 26. August nach Selma Lagerlöf auf der Stockholmer Weltkirchenkonferenz für Praktisches Christentum, zu der Erzbischof Nathan Söderblom eingeladen hatte. Ihr Thema: »Liebestätigkeit als völkerverbindende Macht«. Auch diesmal fällt kein Wort über die eigene Arbeit, die jetzt schon Stationen in drei Erdteilen aufweist. Elsa Brändström spricht vielmehr von Anderen: »Wenn wir an die Menschen denken, die eine Liebestätigkeit ausgeführt haben, die über die augenblickliche, materielle Hilfe hinaus fruchtbringend war, so erscheint uns ihr

Leben und ihre Arbeit wie ein harmonisches Kunstwerk, weil sie Mut und Kraft hatten, ihrer Inspiration zu folgen und ohne Zögern ihr Bestes zu geben, nicht getrieben von langen Überlegungen der Pflicht und des Gewissens, sondern weil sie nicht anders konnten. Eine höhere Macht hat es ihnen eingegeben, und sie haben das Schönste und Größte hervorgebracht: Liebe. Ihre Kunst ist es, Harmonie zu schaffen zwischen den einzelnen und Harmonie zwischen den Völkern ...«

Nüchtern und sachlich widmet sich der Vortrag dann dem nicht befriedigenden gegenwärtigen Zustand, spricht von »zufälligen Opferfeuern« und einem »ungeheuren Ausmaß alltäglicher Gleichgültigkeit«. Der Blick ist auf der Zukunft gerichtet: »Wenn wir selbst nicht mehr die Fähigkeit besitzen, intuitiv zu handeln, weil wir von frühester Kindheit an in Formen gepreßt wurden, die lähmend auf alle spontane Tatkraft wirken, müssen wir wenigstens versuchen, die heranwachsende Generation nicht in derselben Weise zu verderben ... Ich habe in Sibirien gesehen, wie russische Bauersfrauen, gleich nachdem sie von ihren Söhnen und Männern Abschied genommen hatten, verwundeten Feinden zu trinken gaben. Ich habe in Sibirien gesehen, wie deutsche Gefangene ihre letzten Brotstücke mit hungernden Frauen und Kindern des feindlichen Volkes teilten. Der Weltkrieg hat Tausende von Beispielen gegeben, daß lange vor dem Verstand das Gefühl versöhnende Brücken schlägt ... Welche große Lehre sollte man nicht aus derartigen Tatsachen ziehen! Und wie sollte man nicht versuchen, die Jugend diese ursprüngliche, einfach menschliche und hehre Einstellung zu lehren ... Je kleiner unser Horizont, gegen desto zahlreichere Fronten kämpfen wir, desto mehr Vorurteile haben wir. Je weiter das Gesichtsfeld, desto mehr Möglichkeiten zu gerechtem Verstehen. Und nur ehrliche Versuche, einander zu verstehen, können den Weg zur Sympathie freilegen.«

Auf ein solches Weltbild hat Elsa Brändström bei ihren jungen Freunden in Neusorge immer hingearbeitet. Verständnis füreinander zu wecken, schien ihr möglich durch geistige und körperliche Wettkämpfe. Die Kinder sollten sich dabei austoben, aber auch gegenseitig achten und bessere Leistungen anerkennen lernen. Kameradschaft in den unangenehmen Pflichten wie Kartoffelschälen und Zimmerordnen war eine Voraussetzung für den reibungslosen Tagesablauf. Daß man dabei helle Gesichter zeigte, galt bald als Ehrensache, denn Schwester Elsa nahm gelegentlich einen mürrischen Nachzügler mit vor den großen Spiegel im Flur: »Findest du es schön, so auszusehen?« Das kindlich zusammengereimte Neusorger Lied spiegelt etwas von diesem Geist: »Was klinget so hell aus jedem Gemach, was tönt so froh uns entgegen? / Was singet im Wald, am murmelnden Bach, wo immer Neusorger sich regen? / Das jubelt und klingt, o kommt hinaus, fort aus dem müßigen Träumen! / Wir wollen uns freu'n, daß das Leben so schön, packt's an, laßt's Zaudern und Säumen. / Froh künden wir der Welt, was uns zusammenhält. / Freude am Schaffen, Freude am Leben hat uns der Himmel gegeben.«

Abends, wenn die Kleinen zu Bett gebracht und mit einem Kuß verabschiedet worden waren, fanden sich die erwachsenen Mitarbeiter oft noch im großen, gemütlichen Wohnzimmer Elsa Brändströms zusammen. Beim Stopfen und Flicken regte sie jetzt Gespräche zur Tagespolitik an, forderte die Studenten auf, aus ihrem wissenschaftlichen Spezialgebiet zu berichten oder ein künstlerisches Problem verständlich zu machen. Hier zwischen den schönen alten Möbeln des Linköpinger Elternhauses verwirklichte Elsa Brändström zumindest ein Stück ihrer Linköpinger Volkshochschulpläne. Sie war mehr die Fragende als die Dozierende, von großem Wissensdurst und, wie andere »Hörer« berichten, »immer rasch im Kern des Themas«. Dr. Herbert Scurla, Cottbus, der erste Erzieher in Neusorge, weist nachdrücklich auf ihren Erfolg hin, die jungen Leute mit der Selbsthilfebewegung »Deutsches Studentenwerk« vertraut gemacht und sie zur Weitung ihres Horizontes in den internationalen Studentenaustausch gebracht zu haben. Er meint auch, daß Elsa Brändströms Bedeutung in den Annalen der Erziehungs-Reform unzureichend gewürdigt sei, weil sie ihre modernen Vorstellungen nicht methodisch unterbaut und formuliert, sondern intuitiv verwirklicht habe.

Einige andere Stimmen zu dieser Zeit. Margarete Cronau, amerikanische Präsidentin der Quarter Collection, die Elsa Brändström im New Yorker Waldorf Astoria-Hotel begrüßt hatte, kam nach Neusorge und schrieb: »Alles höchst einfach, aber gewinnend durch seine Frische. Die Atmosphäre richtungweisend demokratisch. Es gab keine Dienenden und keine Bedienten. Tischler, Gärtner, Erzieher und Kinder – sie lebten und arbeiteten gemeinsam.«

Die »Familienmutter« Ada Stutz-Reicke, Heidelberg: »Schwester Elsas größte Begabung war vielleicht, aus jedem Menschen das Allerbeste herauszuholen.« Ihre Kollegin Leonie von Schenck, Höxter: »Elsa Brändström hatte etwas Schützendes und Väterliches.« Die damalige Sekretärin Vera Gernandt, Bad Homburg v. d. H.: »Sie war außerordentlich korrekt in allen Verwaltungsdingen und hat meist bis tief in die Nacht gearbeitet. ›Möglichst wenig Verbote‹, hieß das ungeschriebene Gesetz. Wenn sich jemand nicht einordnete, wurde der Unwillen kurz und oft schwedisch geäußert. Alle verstanden ihn ohne Sprachkenntnisse.« Schwester Martha Fichtner, evangelisches Altersheim Radebeul bei Dresden, die als Diakonisse im Neusorger Wirtschaftsbetrieb tätig war: »Natürlich hatten wir oft finanzielle Sorgen. Doch Elsa Brändström, die immer für jeden zu sprechen war, wußte den Ausweg.« Eine Deutsch-Schwedin, freiwillige Helferin im Kinderheim, während der letzten Schwedenreise 1945 Elsa Brändströms Sekretärin, heute katholische Ordensfrau in Stockholm: »Niemand hat mich so beeindruckt wie sie.«

Ein alter Mann aus Zschöppichen: »Die Kinder konnten ja schon lachen und fröhlich sein, daß es bis zu uns ins Dorf hinunterschallte. Wir warteten dann immer auf die noch hellere Stimme Schwester Elsas, und wenn sie erklang, war man plötzlich selbst gut gelaunt.« Graf Harry Keßler, Präsident der Deutschen Friedensgesellschaft, schreibt in seinen 1961 veröffentlichten Tagebüchern: »Berlin, 22. Februar 1926, Montag ... zum Tee bei der Gräfin Siersdorff, geb. Stumm, die Geburtstag hatte, im ›Adlon‹. Elsa Brändström, die während des Krieges und nachher unseren Kriegsgefangenen in Rußland und Sibirien eine Vorsehung gewesen ist. Äußerlich ein auffallend hübsches, vornehmes, schlankes blondes Mädchen, eine nordische Jeanne d'Arc. Ganz unkompliziert, aber stark. Ein erschütterndes Beispiel dafür, was ein einfacher Mensch mit gutem Willen, Mut und Takt erreichen kann ... Sie machte auf mich denselben tief erregenden Eindruck wie Nansen. Die schönen, klaren, blauen Augen, die etwas schwere, willensstarke Nase, das schmale, vornehme Gesicht, die Einfachheit des Tones, als ob alles selbstverständlich wäre. Fünfeinhalb Jahre war sie in Sibirien, zwei Jahre vollkommen abgeschnitten von ihrer Familie und jeder Nachricht, am Flecktyphus erkrankt, und doch gleich wieder weiterarbeitend, zweimal als Spion zum Tode verurteilt, und doch noch so einfach, so voller Güte wie am ersten Tage, und so schön wie eine Ballkomtesse. Solche Menschen, wo Kraft zur Güte wird, sind die wahren Übermenschen ... Ich hatte den Eindruck: ein einfacher, aber ganz großer, hinreißender Mensch, eine weltliche Heilige, vor der man knien möchte.«

In dieser Zeit ließ sich voraussehen, daß die Einrichtungen der Stiftung ihren Sinn bald erfüllt haben würden. Die ehemaligen Kriegsgefangenen waren wieder ins zivile Leben eingegliedert, die Kinder herangewachsen und zum Teil schon in der Berufsausbildung. Im Vorwort zur 6. Auflage ihres Rußland-Buches zieht Elsa Brändström später die Bilanz so: »Von 1922 bis 1928 hat Marienborn jeden Sommer den heimkehrenden Kriegsgefangenen aus Rußland und Sibirien offengestanden, und bei einer Belegungsmöglichkeit von 70 Plätzen sind jährlich einige Hundert ehemaliger Kriegsgefangener dort gewesen ... Sie gehörten allen Schichten und allen politischen Parteien an. Sie haben bewiesen, daß nichts so zusammenschweißt wie ein schweres, gemeinsames Erlebnis, und daß es möglich ist, auch in der Heimat weiter Kameradschaft auf dem Boden der in der Gefangenschaft errungenen Erfahrungen zu pflegen: daß nämlich die meisten sozialen Mißverständnisse auf gegenseitigem Nichtkennen beruhen. Da es mein Gedanke war, durch Marienborn manchem ehemaligen Kriegsgefangenen die ersten Jahre der Rückkehr zu erleichtern, bis er sich in der Heimat wieder eingelebt hatte, so glaubte ich, daß nach sieben Jahren diese Aufgabe erfüllt sei.« Wegen des ständig sinkenden Geldwertes war ein Verkauf der Wohnhäuser, Badeeinrichtungen, Moorlager, Schwefelquellen und 30 Morgen Land zur Zeit ungünstig. Die Anlage wurde einige Jahre dem Rittberg-Schwestern-Verein des Roten Kreuzes verpachtet und später veräußert. Die Mittel kamen besonders begabten Neusorgern für ihre Weiterbildung zugute. Am Ende des Zweiten Weltkrieges ist Marienborn völlig zerstört worden. Nur ein verwitterter, kaum mehr lesbarer Gedenkstein im Park erinnert an Elsa Brändström.

»Mit weiteren Spenden aus Schweden habe ich für die Stiftung 1922 das Gut Schreibermühle in der Uckermark gekauft. Hier wurden im Lauf von neun Jahren einzelne heimgekehrte Kriegsgefangene je nach Arbeits- und Platzmöglichkeit aufgenommen. Im Frühjahr 1931 wurde das Gut verkauft. Mit dem Erlös sollen nun andere Aufgaben der Stiftung erfüllt werden ...« Heute erinnert im Kreis Templin nichts mehr an das einstige Hilfswerk einer Schwedin, der auf Silberplaketten geschworen worden war, daß sie in Deutschland »unvergessen« bleiben werde. Neusorge betreffend, schreibt Elsa Brändström: »Die Kinderschar ist jetzt herangewachsen, und die meisten von ihnen brauchen kein Kinderheim mehr sondern Freunde, die sie im Leben fördern. Deshalb habe ich im Frühjahr 1931 die Pforten von Neusorge geschlossen und meine Arbeit umgestellt. Ich sehe jetzt meine Hauptaufgabe darin, den Tüchtigsten und Fähigsten aus dieser großen Jugendschar, die durch Not und Schicksal in ihrer Ausbildung behindert sind, weiter zu helfen, und vor allem die Gruppe von Neusorger Stammkindern nicht zu verlassen, ehe jedes einzelne in einem Beruf fertig ausgebildet ist und auf eigenen Füßen stehen kann. Meine Hoffnung ist, daß diese Kinder unserem Neusorger Leitspruch treu bleiben.«

Nicht alle Zöglinge haben Elsa Brändströms Hoffnung erfüllt. Manche flüchteten sich aus ihrem freiheitlichen Geist in Hitlers starres Reglement. Bei der hohen Achtung vor jeder getroffenen Entscheidung antwortete die einstige Wohltäterin von Deutschland und Amerika aus diesem Irrweg mit enttäuschtem Schweigen. Aber für persönliche Probleme war sie, so lange es ging, immer noch erreichbar.

Seit ihrem Weggang hat sich die schöne Wetterfahne auf der Toreinfahrt des Rittergutes Neusorge oft nach dem Winde drehen müssen. Es folgten der Leipziger Fürsorgeverein, dann der Arbeitsdienst, später die Wehrmacht. Von 1945–51 wechselte die Rote Armee mit polnischen Rücksiedlern und ausgewiesenen Wolyniendeutschen. Seit diesem Datum aber spielen wieder Kinder im Bezirk des einstigen Herrensitzes. Man fährt mit dem Bus von Dresden über stille Landstraßen und teilweise gepflasterte Autobahn ins alte Weberstädtchen Mittweida, gewiß nicht schneller als die Soziologen, Pädagogen, Ärzte und Regierungsbeamte für Erziehungsfragen, die während der zwanziger Jahre den dank Elsa Brändström weit über Deutschland hinaus bekannten Flecken aufsuchten – bestimmt aber nach langwierigeren Formalitäten, als für eine Reise aus Westdeutschland in jene Himmelsstriche notwendig sind, wo die Schwedin sich länger aufgehalten hat als bei uns: nach Rußland und Amerika. Hinter den schönen, jetzt ungepflegten Bürgerhäusern am Marktplatz von Mittweida liegen die Schulen wie damals, auch sie ein bißchen älter geworden. Hier beginnt der fünf Kilometer lange Weg, den Elsa Brändströms Pfleglinge täglich zweimal gingen oder fuhren. Birnbäume säumen streckenweise die wenig befahrene kleine Straße; an die Ernte von diesem Gemeindegut erinnern ein paar Briefe aus Cambridge, treu bewahrt in Zschöppichens Stubenschränken und nach dreißig Jahren noch auswendig zitiert. Während des Marsches begreift man, warum damals Neusorge trotz organisatorischer Schwierigkeiten unter vielen Objekten gewählt worden ist. »Die Einbettung in eine keineswegs üppige oder berauschende, aber schöne, ermutigende, ja tröstende Landschaft war einer der Erziehungsfaktoren, die Elsa Brändström keiner pädagogischen Theorie sondern ihrem sicheren Instinkt für das verdankte, was vom Leben mißhandelte, junge Pflanzen brauchten, um irgendwo wieder Wurzel zu schlagen«, hatte Herbert Scurla geschrieben.

Das ehemalige Rittergut heißt heute »Landesproduktionsgenossenschaft Friedrich Engels«; das Schloß nennt sich wie 1924 »Kinderheim Neusorge«. Wenn damals die Aufnahmebedingungen körperliche und geistige Entwicklungsfähigkeit forderten, so handelt es sich bei den Heiminsassen seit 1952 um Sonderschüler mit intellektuellem oder sozialem Defekt. Sie sollen zur Erlernung eines Teilberufs vorbereitet werden. Neun Einrichtungen dieser Art gibt es in der DDR, hier ist der Kreis Heinichen Träger von Schule und Internat. Für die 120 schwererziehbaren Jungen, um die sich ihre Familien wenig kümmern, hat er 12 Lehrer und 20 Heimpädagogen verpflichtet. Der jetzige Leiter ist in einem Nachbardorf aufgewachsen. Erst das heutige Regime hat es ihm möglich gemacht, Sonderschullehrer zu werden, und so spricht er begeistert von beidem: von der Epoche des Sozialismus und von seiner Erzieheraufgabe. An Elsa Brändström erinnert er sich durch Erzählungen der Mutter. Aber das alles gehört einer »überwundenen Ära« an. In der Tat: Hier, wo die einmal geehrteste Frau Europas jahrelang gewirkt hat, gibt es keinen Hinweis auf sie, während die DDR immerhin noch sechs früher benannte, aber nicht umgetaufte Straßen mit ihrem Namen duldet (in der Bundesrepublik sind es 56, in Österreich 3).

Wo ein berühmtes Porträt des wegen seiner Nächstenliebe zitierten Prinzen von Homburg hing, wo Wiedersehen mit Elsa Brändström viele Kinderherzen jubeln ließen, starrt heute aus der Ecke ein Bündel roter Fahnen. In der ehedem für Erntedankfeste und Konfirmationen liebevoll geschmückten Schloßkapelle lagern Kartoffelsäcke, Fahrräder. Und selbst auf dem äußerlich unveränderten Sportplatz, der Elsa Brändström zu danken ist, weht ein anderer Geist. Es geht nicht mehr wie bei den Frühlings-, Sommer- und Herbstwettkämpfen ihrer Kinder um Spiel und Freude am Herumtollen. Ausrichtung, Reih und Glied werden jetzt geübt, während Fanfarenklänge diesen friedlichen Spätsommertag durchschneiden. Zur nächsten Nachbarschaft gehört eine Parteischule der SED.

Nur im kleinsten Haus des Dorfes mit der noch aus Kaisertagen stammenden Plakette »Freiwilliges Mitglied des Roten Kreuzes« liegt ein Schlüssel zur vergangenen Zeit. Erich Hermersdörfer erinnert sich: »Hier im Sessel hat Elsa Brändström oft gesessen, wenn sie meine kranke Mutter besuchte. Im vorderen Zimmer war unser Laden, wo die Neusorger ihr Taschengeld ›verjubelten‹; sie bekamen als Volksschüler 1 Mark, als Realschüler 1,50 und mußten außer Rollmöpsen und Karamellen auch die Hefte davon bezahlen. Anschreiben zu lassen war strikt untersagt.« Der bei allen Ehemaligen unvergessene »Onkel Erich« besitzt einige Hundert Fotos aus ihrer Kindheit: Sportfeste und Gruppenauf-

nahmen an der schönen Freitreppe, übermütige Schlitten-
partien und Theaterproben, Elsa Brändström, wie sie einem
bulgarischen Bildhauer für ihre Büste recht ungeduldig Modell sitzt, Besucher aus Marienborn.

Nicht nur von dort kamen damals frühere Kriegsgefangene nach Neusorge, und nicht nur, um Elsa Brändström wie-
derzusehen. Niederdrückende Symptome im deutschen Wirt-
schaftsleben hatten bei Vielen die Erinnerungen an Sibiriens
Weite und Unerschlossenheit wachgerufen. Immer dringlicher
klang auch aus Briefen von Heimkehrern der Wunsch,
noch einmal jenseits des Ural das Glück zu versuchen. Man
dachte an die Wolga-Deutschen, deren Kolonien heimatliche
Prägung über Jahrhunderte bewahrt hatten. Elsa Brändström sollte die geplante Ansiedlung leiten und, nach der
Phantasie ihrer ehemaligen Plennys, die ungekrönte Königin
werden.

Blickt man heute zurück auf die Weimarer Zeit, so erscheinen die Jahre zwischen 1924 und 1928 als die vergleichsweise besten. Es hatte unter Stresemanns kluger Führung außenpolitische Erfolge gegeben: das Abkommen von
Locarno, Deutschlands Eintritt in den Völkerbund und die
Räumung der Gebiete westlich des Rheins. Die alliierte
Kommission, der die Überwachung der deutschen Abrü-
stung oblag, zog sich zurück, große ausländische Kredite
lagen bereit, die schwergetroffene deutsche Wirtschaft zu
stärken.

Dennoch blieb ein Gefühl, alles könne sich von heute auf
morgen wieder ändern. Selbst in den guten Epochen der
Republik sprachen die Zeitungen ja täglich von Krisen und
allzu oft von Regierungsstürzen. Manchmal dauerte die Zusammenstellung eines Kabinetts länger als die folgende
Amtszeit. Der betroffene Bürger brachte auch wenig Verständnis für die Diskussionsthemen des Reichstags auf: ob in
fernen Vertretungen die deutschen Konsulate schwarz-weiß-
rot oder schwarz-rot-gold flaggen sollten; ob ein Enkel

Wilhelms II. an Manövern der Armee teilnehmen dürfe. Seit Ende 1928 wuchs wieder die Zahl der Arbeitslosen. Ausländisches Kapital war plötzlich rar geworden. Es gab viele Kreise in Deutschland, die der westeuropäischen Politik keinerlei Chance mehr boten, die mit Genugtuung registrierten, daß es zumindest einen heimlichen Kontakt zwischen der russischen Armee und dem vorgeschriebenen Hunderttausend-Mann-Heer der Besiegten gab, daß sich auf östlichem Boden deutsche Offiziere und Mannschaften wieder an den Waffen von Tanks, Flugzeugen und Unterseebooten übten. Auch unter diesem Aspekt mag die Hoffnung auf bessere Lebensbedingungen im Osten verstanden werden.

Elsa Brändström riet ab. Als sich jedoch Nachrichten von schon gepackten Koffern vieler Bauern, Lehrer, Ingenieure, Kaufleute mehrten, bat sie um eine Frist. Sie würde alle Gebiete bereisen, die Vergleichsmaterial liefern könnten. Hans Jonas, einst Bevollmächtigter des Schwedischen und des Deutschen Roten Kreuzes in Sibirien von 1919–22, während dieser Jahre Generalsekretär der Deutschen Gesellschaft zum Studium Osteuropas, der als Kenner des bolschewistischen Rußland gelten durfte, bot seine Hilfe an. Viele Gespräche im Lette-Haus Berlin, wo Elsa Brändström bei ihren Hauptstadtbesuchen meist wohnte, im Osteuropa-Institut und bei dem früheren Kultusminister Schmidt-Ott gingen der Fahrt voraus. Sie sollte ermitteln, ob es auch unter dem gegenwärtigen Regime möglich sei, arbeitswillige Deutsche und Österreicher in Sibirien anzusiedeln und ihnen ein eigenständiges Gemeindeleben zu garantieren. Konsul Jonas bewahrt in seiner Dokumentensammlung zum Thema Kriegsgefangenschaft Theaterzettel, jüdische Kalender, Lagerzeitungen, denen man den selbst hergestellten Zensurstempel gleich mit aufdruckte, Konzertprogramme, Karikaturen und als letztes Schriftstück jene Landkarte, in die alle geplanten Stationen der Informationsreise eingezeichnet sind. Barnaul zwischen Ob und Irtysch, ein fruchtbares

Schwarzerde-Gebiet in Westsibirien, verkehrsmäßig günstig und bereits von früheren Auswanderern deutscher Herkunft als Ziel gewählt, sollte die Landhungrigen aufnehmen. Mit besten Empfehlungsbriefen versehen, fuhren Elsa Brändström und Anni Rothe am 15. Januar 1929 noch einmal nach Rußland.

»Liebste Üllas«, beginnt der erste Brief, »abends reisten wir aus Berlin ab, wie Du Dir denken kannst nach einem Tag ohne Mittagessen. Dank guter Freunde hatten wir Schlaf- und zum Glück auch Speisewagen. In Warschau dann wieder ein arbeitsreiches Pensum ohne Mittagessen; eine großzügige Stadt übrigens, zu der die heutigen Menschen in keinem Verhältnis stehen. Abends weiter im Schlafwagen, gegen Mitternacht an der russischen Grenze ... Als schließlich der Zug zum dritten Male läutete, standen wir immer noch vor unseren offenen Koffern und waren mit all unseren Büchern immer noch nicht revidiert. Dann merkte man, Gott sei Dank, daß es ernst wurde. Und nun halfen alle, damit wir nicht weitere 24 Stunden warten mußten...« Am Ende der 90 Tage-Reise heißt es, »daß nie drei Monate mehr Eindrücke in sich bergen können als diese«.

Elsa Brändström hat von den Geduldsproben und Abenteuern genau berichtet. Sie ahnte, wie sehr Gräfin Üxküll von erwartungsvollen Männern bestürmt wurde. Sie hatte wieder eine große Aufgabe übernommen, an die sich große Hoffnungen knüpften, und damit die Spannung zu Hause nicht ins Unerträgliche wuchs, schickte die »Pionierin« aus jedem größeren Ort ihre tagebuchartigen Briefe nach Deutschland. Von keinem anderen Lebensabschnitt gibt es dank dieser Sorgfalt mehr biographische Einzelheiten als vom Januar bis April 1929.

Ihre Reiseroute ging über Kiew, Odessa, Sewastopol, Jalta, Tiflis, Batum, Baku, Sartow, Moskau, Irkutsk nach Krasnojarsk und Nowosibirsk, dann zurück über Moskau, Leningrad, Riga. Sie enthielt Besuche bei Behörden, Instituten,

Botschaften, Kommissariaten, in Kirchen, Museen, Schulen, Siedlungen, Theatern, Parteikursen, Gefängnissen, Entbindungsanstalten, Krankenhäusern, Fabriken, Clubs, Säuglingsberatungsstellen, Blindenheimen, in Universitäten, Bauernhäusern und auf Ölfeldern. Eis und Winterwind, aber auch die Kulisse üppigsten Orients mit Palmen, Zypressen, Mimosen begleiteten das anstrengende Programm. Um sich ein möglichst gutes Bild von den vielfachen Lebensäußerungen, ökonomischen Verhältnissen, Bildungsangeboten, sanitären Fortschritten und vom politischen Klima in sehr kurzer Zeit zu verschaffen, nahmen die beiden Frauen große Strapazen auf sich.

Wir wissen nicht, mit welchen Vorstellungen Elsa Brändström abgereist war. Als zuvor in Neusorge erörtert wurde, daß für den Eventualfall auch an die Errichtung eines Krankenhauses in Sibirien zu denken sei, die besonders geeignete Schwester, mit der man den Plan besprach, jedoch einwandte, ihr Arzt fände sie »zu 70 % asien-untauglich«, hieß die Antwort: »Nun, denken wir an die 30 Prozent.« So hielt es Elsa Brändström ja immer. Man darf vermuten, daß sie auch jetzt bei aller Gerechtigkeit die positive Seite zu finden suchte.

Dazu einige Äußerungen aus ihrer Feder: »Überall hatte man das Empfinden, daß die Museen in den Händen von Autoritäten waren, Menschen die, wie es nur Russen können, sich ganz einer Sache hingeben.« Odessa, 29. 1. 29: »In einem Clubhaus empfing uns ein 15jähriges Mädchen, Pionier, ihre Sicherheit, Zielbewußtheit und Intelligenz waren imponierend – man fragt sich, ob dieser Typus, den wir schon einige Male trafen, sich hier langsam durchsetzt, dann hat ihr pädagogisches System im Rahmen der allgemeinen Atmosphäre schon Fabelhaftes geleistet.« Am 5. 2. 1929 aus der Südukraine: »Um 4 Uhr war Aufbruch, um ½ 5 Fahrt zur Bahn, von 5–6 der wahrscheinlich unvermeidliche Aufenthalt in überfüllten Wartesälen, wo unsere ausländischen

Pelze immer Gesprächsanknüpfung bilden. Wir stechen überhaupt durch unsere gute Kleidung ab, aber haben nie das Gefühl, daß man es uns entgelten läßt ... Weder in innerer noch in äußerer Kultur und Form unterschied sich diese Gesellschaft von irgendeiner uns gewohnten, wenn es sich um führende Persönlichkeiten handelte.«

In einem späteren Brief heißt es: »Dadurch, daß wir immer die Hefte und die sehr zahlreichen und guten Zeichnungen zu sehen bekamen, kann man sich ja ein Bild von Bildungsgang und Niveau dieser georgischen Schule machen. Das Gebiet, wo sie sich durch ihren Unterricht wohl am meisten von uns unterscheiden, ist Geschichte. Sie lernen in keiner Kinderschule Geschichte, wie wir sie verstehen, sondern statt dessen eine Art sozial-politische Gegenwartsdarstellung. Sie gehen jeder heute wirkenden Erscheinung ihrer Entstehung entsprechend nach und behaupten dabei, alles Wesentliche der Geschichte zu berücksichtigen und herauszukristallisieren. Es war eine Methode, die ich einmal auf dem Lehrerinnenseminar mit Feuer verfocht, ohne Gegenliebe zu finden, und jetzt, wo ich sie praktisch angewandt sehe, zweifle ich stark an ihrer Richtigkeit.« Aus dem russischen Orient schreibt Elsa Brändström: »Hier ist kaum ein Ort später als 1000 oder 500 Jahre vor Christus gegründet worden. Manchmal sehnt man sich geradezu nach jungfräulich unbelasteter amerikanischer Erde, wo der Weg zur Kultur über die verachtete Zivilisation führt.« In Moskau notiert sie bewundernd: »Wir gingen auch ins Marx-Engels-Institut. Diese ganze Anstalt kann man überhaupt nicht beschreiben, es ist eine Schöpfung russischer Großzügigkeit, Passion und Genialität. Es lohnt sich, die Reise nach Moskau zu machen, um diese Institution und ›Boris Godunoff‹ von Stanislawsky zu sehen. Vielleicht ist es Rußlands Aufgabe, die höchsten Gipfel und sonst nur Täler zu besitzen.«

Wie im Kriegsgefangenen-Buch fehlen auch in diesen

Briefen Landschaftsschilderungen und Stimmungsbilder. Der vom Schwarzen Meer vermittelte poetische Eindruck: »Die Palmen im Schnee sahen unglücklich aus« steht recht allein zwischen sachlichen Nachrichten über Gesehenes und Beschreibungen von Geduldsproben, auf die beide Informationsreisende durch langjährige Rußland-Erfahrung allerdings schon vorbereitet waren: 30. 1. 29: »Abfahrtszeit unbestimmt ...« 1. 2.: »Obwohl wir 19 Stunden Verspätung haben, weiß niemand, wann wir ankommen. Alles hängt von den Eisverhältnissen ab ... Nach 41 Stunden Fahrt, etwa 32 Stunden Verspätung, kamen wir nachts um 3 Uhr in Cherson an.« 6. 2.: »Mitternacht ging's endlich ab, und statt einer achtstündigen Reise verbrachten wir 22 Stunden auf dem Wasser bei 27 Grad Kälte und fast auf dem ganzen Weg dickes Eis bis 45 cm.« 6. 3. 1929: »Wir besorgten uns die Billette nach Moskau, bekamen noch gerade die letzten. Gingen auf die Bank wie gewöhnlich ein Stündchen und dann zu einer wunderhübschen alten Kirche. Um 2 Uhr prustete unser Zug ab, und wir trennten uns von ›unserer Wolga‹, wie alle Deutschen hier so schön sagen ... Die Reise nach Moskau nahm 20 Stunden.« 13. 3.: »Wir stiegen in Moskau ein und fuhren fast gleich ab, etwas hier ganz Ungewöhnliches. Jetzt installieren wir uns für die Reise über Irkutsk nach Krasnojarsk, 28 Stunden.« 30. 3.: »Nach vielem Hin und Her bekamen wir jetzt in Omsk Platzkarten für weiche Coupés. Wir fuhren 3 Tage und 2 Nächte bis Moskau in einem Wagen ganz allein, sehr bequem.«

Von den Abenteuern dieser Reise erinnern manche an Elsa Brändströms Kriegserlebnisse: Wolfsrudel in Hörweite des Eisenbahnabteils, Wanzen »jeder Generation« in den Unterkünften. Bei mangelnder Sauberkeit gab es oftmals »schwere Suppen«, Übernachtungen auf Stühlen, Holzpritschen oder auf Bauernöfen. Auch ein Schlittensturz wird berichtet, doch war er vergleichsweise harmlos: »Ich flog im hohen Bogen über Anni in den Schnee, und Anni hinterher den

Abhang herunter, wie Pakete gut eingepackt. Es war ganz weich und angenehm . . .«

Sei es, daß Vertretungsschwierigkeiten in Neusorge eine Abkürzung der Reise notwendig machten, sei es, daß beide Frauen ihr Urteil schon gebildet hatten, sie sparten einige Stationen aus. Mitte April 1929 fand in Berlin der mündliche Rechenschaftsbericht vor Schmidt-Ott und Jonas statt. Besuche in der jüdischen Kolonie Nikolajew, in der Wolga-Republik und bei anderen nichtrussischen Minderheiten hatten die Folgen des ersten sowjetischen Fünfjahresplans von 1928 deutlich gezeigt; überall war Kollektivierung an Stelle des Privateigentums getreten, das Lenin in seiner Neuen Ökonomischen Politik noch geduldet hatte. Die wirtschaftliche Situation Rußlands erwies sich an Ort und Stelle als wenig verheißungsvoll. Am bedrückendsten jedoch war den Reisenden die Lage der Jugend erschienen. Sie hatten mit Freude Kenntnis von vielen neuen Bildungsmöglichkeiten erhalten. Nach der Besichtigung von etwa 80 Schulen, Tageskrippen und Kinderstädten war jedoch kein Zweifel daran möglich, daß diese Jugend in der engsten Parteidoktrin aufwuchs. Überall galten Prinzipien, die Elsa Brändström niemals gutheißen konnte. Wäre es nach ihr gegangen, so hätte sie drei besonders begabte Jungen einfach mit nach Deutschland gebracht, »doch Anni riet ab!« Die beiden Rückkehrer erzählten auch von einem Problem, das damals in Deutschland noch kaum bekannt war, denn die Russen hielten ungünstige Nachrichten möglichst geheim. Im Orient waren die Reisenden mit Scharen verwilderter Kinder zusammengetroffen, die, sobald es kalt wurde, nach Süden zogen. Es gab unter ihnen viele Mädchen in Jungenkleidung und bei schlechtem Gesundheitszustand hohe Sterblichkeitsquoten. Seeleute hatten berichtet, daß diese Horden die Schiffe manchmal wie Heuschrecken befielen oder auf den Puffern von Zügen planlos hin und her führen. Elsa Brändström sprach von den Unglücklichen als von einer »entsetzlichen Naturgewalt«, gegen die offenbar weder Verordnungen noch Regierungsmaßnahmen helfen könnten.

Das Ergebnis dieser Reise enttäuschte viele Auswanderungswillige. Sie fügten sich jedoch Elsa Brändströms klarem Urteil und packten die Koffer wieder aus. In einem zusammenfassenden Brief an Gräfin Üxküll, der als Kopie allen Interessierten zugeschickt worden war, hatte sie während der Rückreise ihren Entschluß noch einmal geprüft. Dort heißt es unter anderem: »Wenn wir jetzt zurückdenken, möchten wir wohl sagen, daß nie drei Monate mehr Eindrücke in sich bergen können als diese in Rußland. Es ist ja unmöglich, ein Fazit zu ziehen, und schwerer heute, nach drei Monaten, als nach drei Wochen. Je länger man in Rußland ist, desto stärker wird man vom Wechsel der Stimmungen hin und her gerissen. Ohne es bewußt gewollt zu haben, sind wir natürlich in erster Linie den positiven Seiten nachgegangen, einmal, weil die Gebiete, die wir studierten, sie enthielten – die pädagogischen Fragen und die nationalen Minderheiten – und dann auch, weil es sicherlich in unserer persönlichen Einstellung zur Sache lag. Die positiven Seiten, die wir in unseren Tagebuchbriefen betont haben, bestehen alle, aber nicht ohne den dunklen Hintergrund, welcher von den meisten Beobachtern sonst hervorgehoben wird – je länger wir in Rußland waren, desto realer wurde für uns diese negative Seite. Ein ewig bleibendes, ruhmvolles Monument haben sich die Bolschewiken in ihrer Volksaufklärungsarbeit gesetzt, und die Geschichte wird nicht abwägen, wie teuer erkauft es war – nie wird das russische Volk mehr zurücksinken können in seine frühere Stumpfheit und Unwissenheit. Neben aller Freude an dem wirklich Großartigen in dieser Leistung muß man sich aber fragen, wie groß die Gefahren sind, die ihm drohen. Denn große eigene vernichtende Kräfte sind am Werk. Die dunkelsten Punkte des heutigen Regimes sind folgende:

Auf dem ökonomischen Gebiet ist es die einfältige Starrheit, mit der sie ihre Dogmen urteilslos verwirklichen wollen. Jede persönliche Arbeitsinitiative wird getötet, und die Starrheit schiebt einen Riegel vor ihre Parole: Rationalisierung. Es gibt keine noch so ›übertriebene‹ Erzählung auf diesem Gebiet, die nicht in der Wirklichkeit ihr Gegenstück findet. Wie lange mit diesem Vorgehen die Wirtschaft den fundamentalen ökonomischen Gesetzen widerstehen kann, fragt sich jeder, der sich in Rußland aufhält. Aber wir Europäer können zwei Momente, die hierfür maßgeblich sind, schwer abschätzen: 1) die Dulderfähigkeit der Russen, 2) die Opferwilligkeit, für ihren politischen Glauben zu leiden. Eins ist wohl sicher: die ökonomische Frage, sowohl auf dem Land als in der Stadt, muß revidiert werden, wenn die Partei nicht stürzen soll. Daß sie die fundamentalste ist, beweist, daß sie, und nur sie, heute die inneren Parteikämpfe hervorruft. Wenn die ökonomische Frage die äußere Gefahr der Partei bedeutet, so ist sicherlich die innere Gefahr, welche droht: der eiserne Wille, jedes freie politische Denken, jede politische Kritik zu verhindern. Es entsteht dadurch nicht nur eine enge Einseitigkeit, die an Dummheit grenzt, sondern es wird auch ein vollständig falscher Tatbestand den Menschen beigebracht. Das gesunde Stimulanz der Kritik und Reibung darf nicht befruchtend wirken. Eine Folge dieser Einstellung ist die Unterschätzung wirklicher Sachkenntnis, Erfahrung und traditioneller Kultur, es entsteht ein blinder Glaube an die neuen Kräfte.

Das, was am schwersten je zu rechtfertigen sein wird, ist die Verfolgung und systematische Ausrottung der früheren Intelligenz. Wenn diese Taktik in den vergangenen elf Jahren langsam abgeflaut wäre, so könnte man sie verstehen, aber laut Berichten der besten Kenner der Verhältnisse war sie nie so grausam wie jetzt. Wir hören wohl ab und zu von diesen Vorgängen, aber wir ahnen nicht, daß heute noch Hunderttausende verdammt sind und durch Entziehung jeder Lebensmöglichkeit – Arbeit, Obdach und Brotkarten –

nicht mehr um ihr Leben ringen können. Diese sogenannte ›Reinigung‹ macht sich im Zentrum besonders stark bemerkbar und flaut nach der Peripherie zu ab. Dies macht, daß man draußen leichter atmet als im Zentrum. Das Sublime, dem man draußen so häufig begegnet, erstickt im Zentrum. Man kann nur hoffen, daß trotz aller hier erwähnten und vieler anderer Gefahren und Schwächen das System hält, bis eine neue Generation herangewachsen ist.

Mit ihr kommt wohl für Rußland die neue Zeit. In der jungen Generation haben sich die heute Herrschenden unfreiwillig ihre eigenen Kritiker aufgezogen. Diese Jugend besitzt wahrscheinlich Kräfte wie kein anderes Proletariat, aus dem sich seit Jahrhunderten die besten Kräfte schon Bahn gebrochen haben. In Rußland lag bis jetzt so viel latent, was endlich heute leben darf. Und so kommt man wieder dazu, das anzuerkennen, was das Größte im heutigen Rußland ist: die lebendigen Kräfte, die ausgelöst werden durch einen fanatischen Glauben und ein neugeborenes Selbstbewußtsein und Selbstvertrauen.«

Mit dieser aufreibenden Fahrt durch viele Sozialistische Sowjet-Republiken durfte Elsa Brändström, zwölf Jahre nach dem Friedensschluß von Brest-Litowsk, ihre Arbeit für ehemalige Kriegsgefangene als beendet ansehen. Der Kreis rundete sich an der letzten Station Leningrad, alias Petrograd, alias Sankt Petersburg, ihrem Geburtsort, wo im Nikolaihospital fünfzehn Jahre zuvor das bis heute unvergleichliche Hilfswerk begonnen worden war. Als sie dort noch einmal »mit ein bißchen Grippe«, wie es im Brief heißt, durch die ausgestorbenen, einst so mondänen Viertel am Englischen Quai »und die von Armut überfüllten anderen Gegenden« wanderte, mag sich Wehmut über den verlorenen Glanz der Zaren-Hauptstadt mit Trauer über den jetzigen Zustand gemischt haben. Elsa Brändström war jedoch soviel Imponierendem begegnet, daß sie den neuen Staat beeindruckt verließ. Ihre Freundin Elsa Björkman hatte es vorausgesehen. »Natürlich mußte sie das aktive, arbeitende Rußland besser verstehen als das dekadente, genießerische, ›oblomowische‹ der früheren Petersburger Tage. Beim Verlassen der Stadt wußte sie aber auch, daß es hier nicht möglich sein würde, politische Freiheit zu garantieren, selbst nicht an den entferntesten Orten. Die sibirische Königin in spe war selbst diejenige, die dem Abenteuer einer neuen Kolonisation den Todesstoß versetzte.«

Wie sich Elsa Brändström entschieden hätte, wenn das Ergebnis positiv gewesen wäre, ist seitdem eine müßige Frage. Jetzt glaubte sie endlich verwirklichen zu dürfen, was in den Tagebüchern manchmal als Wunsch aufgetaucht war, ein privates Leben. Sie wollte es an der Seite des Ministerialrats Professor Dr. Robert Ulich führen. Der Hochschullehrer hatte mit seinen Studenten oft zu Tagungen in Neusorge geweilt und aus der sonst meist nur zu kurzen Grüßen Gelaunten während ihrer Rußlandreise eine eifrige private Briefschreiberin gemacht. Zurückgekehrt, teilte sie ihren zahlreichen Bekannten auf Postkarten mit, daß sie im November 1929 zu heiraten gedenke. Freunde Elsa Brändströms erinnern sich deutlich an Glück und Erwartung dieser Monate.

Am 16. November traute der ehemalige Kriegsgefangenenpfarrer Eduard Juhl das Paar in Marienborn. Zur Hochzeitsgesellschaft gehörten nur acht Personen. Vor der Presse waren Tag und Ort geheim gehalten worden. Propst Juhl hat in seiner Biographie die Psalmworte der Feier zitiert, darunter auch den Vers: »Und der dich behütet, schläft nicht.« Dann heißt es weiter: »Diese drei Kapitel waren der tiefe Ausdruck des Ernstes, der Freude und des Friedens mit Gott, um den es Elsa Brändström und Robert Ulich in dieser Stunde und für ihr gemeinsames Leben ging.«

Robert Ulich war damals Ministerialreferent für Hochschulwesen und Professor an der Kulturwissenschaftlichen Abteilung der Technischen Hochschule Dresden. Daß die

Wohnung der Jungvermählten somit nur etwa 70 km von Neusorge entfernt lag, tröstete die Kinder dort ein wenig, denn sie hatten die »Mutter« schweren Herzens abgegeben. Elsa Brändström kannte Dresden von vielen Einkaufsreisen für ihren großen Schloßhaushalt, auch von gelegentlichen Theaterbesuchen mit deutschen oder schwedischen Freunden. Einmal hatte sie längere Zeit im Sanatorium Königspark zubringen müssen, war aber damals so erschöpft gewesen, daß sie nur spät abends ausging, um niemandem zu begegnen. Die anderen Patienten seien über diese Furchtlosigkeit erstaunt gewesen, erzählt Anna Warburg von einem Besuch dort, was nun wiederum die nächtlich Wandernde aufs höchste amüsiert habe.

Das Ehepaar Ulich zog vorerst in die Wohnung von Freunden, die längere Zeit außerhalb Deutschlands weilten. Diese geräumige Villa ist während des letzten Krieges bis in die Grundmauern zerstört worden und nicht mehr zu finden. An die kultivierte Atmosphäre und besonders an das »eindrucksvolle Bild General Brändströms« erinnern sich Dresdener Professoren-Kollegen. Nur für ein Jahr noch wechselte man dann über in eines jener vornehm-stillen Wohngebiete auf dem Weißen Hirsch, das von Künstlern und Gelehrten bevorzugt wurde. Nicht zuletzt dieser schönen Anhöhe verdankt ja die Stadt der sächsischen Könige den Beinamen »Elbflorenz«.

Heute fließt noch der gleiche Strom in eleganten Schleifen durch das Talbecken, und auch die meisten Kunstschätze sind nach Dresden zurückgekehrt. Die nicht zerstörte Angelikastraße aber hat nichts mehr von ihrer einstigen Prägung. Militärstiefel und scharf dressierte Hunde, ungepflegte Häuserfronten bestimmen das Bild; die Nähe des Staatssicherheits-Dienstgebäudes läßt Vorübergehende leiser sprechen. Hätte die entsprechende Behörde im Dritten Reich dieses Viertel genau untersucht, wäre ihr Erfolg beschieden gewesen. Das Haus Angelikastraße 19 zum Beispiel hielt immer politische Flüchtlinge versteckt. So weit kam es damals nicht. Professor Ulich wußte aber, daß sein Telefon überwacht wurde. Ein früherer Kollege von der Technischen Hochschule erzählt: »Ich sehe noch genau vor mir, wie wir 1933 bei einer reichen Gönnerin der Wissenschaften eingeladen waren. Zu den Gästen zählten Robert Ulich und Frau, der Theologe Paul Tillich und Fedor Stepun. Die Gestapo hatte von der Zusammenkunft Wind bekommen. Für den Fall eines Verhöres verabredeten wir, an diesem Abend, der uns in der Ablehnung Hitlers einig gefunden hatte, seien nur religiöse Fragen besprochen worden. Professor Ulich gehörte damals längst zu den ›beschatteten‹ Persönlichkeiten.«

Er war 1930 auf Einladung der beiden amerikanischen Gelehrten Abraham Flexner und Isaac Kandel zur Mitarbeit an einer großen wissenschaftlichen Veröffentlichung nach Amerika gereist. Elsa Brändström-Ulich begleitete ihn und sah außer Boston – »dieser europäischen Stadt, in der man leben könnte« – bei einer viermonatigen Tour durch die USA viele Stationen ihrer »Bettelfahrt« wieder, jetzt freilich mit mehr Muße. Damals errang die NSDAP gerade ihren ersten beunruhigenden Wahlsieg. »Wir erörterten sogleich, ob ich nicht besser nach einer hiesigen Position Umschau halten sollte«, erzählt Robert Ulich. »Aber natürlich ahnten wir nicht, daß Hitler drei Jahre später für den Umzug sorgen würde. Ich machte mir auch noch nicht klar, welche unendlichen Schwierigkeiten es bedeutet, nicht in der Muttersprache lehren und schreiben zu können.«

Von Amerika aus bestimmte Elsa Brändström, daß in Neusorge keine Erholungsgäste mehr aufgenommen wurden. Die restlichen Stammkinder blieben bis zum Oktober 1931, dann übernahm der Leipziger Fürsorgeverein wieder seinen alten Besitz. Trotz dieser Entwicklung gab es aber noch manche Aufgabe für die Stiftung, bei der die »Elsa Brändström-Werbegemeinschaft der Frauen« bis zum Verbot durch die Nazi-Behörden und einige reiche Gönner tatkräftig halfen. Die Zöglinge mußten weiter beraten und in ihrer Berufsausbildung finanziell unterstützt werden. Bis in den Zweiten Weltkrieg hinein hat mancher »Neusorger« Studiengelder aus diesem Fond bezogen. Das Ulich'sche Haus, in dem jetzt auch Anni Rothe lebte, stand allen Ratsuchenden weiter offen, und sie kamen gern, einzeln oder in Scharen. So lange es möglich war, auf dieser karitativen Basis zu arbeiten, versuchte Elsa Brändström noch, durch Vorträge und Gespräche neue Mittel für die heranwachsenden Kriegswaisen zu finden. »Ich habe ihre Vitalität immer bewundert«, erinnert sich die in Dresden lebende Schwester Robert Ulichs. »Sie kam zum Beispiel von einer großen Reise zurück, sah im Haus nach dem Rechten, erfrischte sich durch ein Bad und reiste mit dem Spätzug an ihr nächstes Ziel.« Noch einmal, während das politische Leben in Deutschland mehr und mehr verwilderte, neue Wirtschaftskrisen heraufzogen, versuchte Elsa Brändström, in ihrem Kreis der Not zu steuern und Ordnung zu wahren. Ein verzweifelter Wettlauf! Ein sehr einsamer Kampf gegen die bösen Zeichen dieser letzten Weimarer Jahre, gegen die lauten Aufmärsche, Verleumdungen, Schlägereien und Schießereien, die jetzt das Tagesgeschehen bestimmten.

Elsa Brändström entzog sich auch nicht dem letzten offiziellen Auftrag der »Reichsvereinigung«, Gelder aus dem Guthaben zu verteilen, das Frankreich für geleistete Arbeit ehemaliger Kriegsgefangener erst jetzt auszahlte. So gering die Endsummen für jeden Einzelnen auch waren, so zahlreich die Anträge, so umfangreich die vorausgehenden Fragebogen. Rechenmaschinen wurden bei dieser Aktion nicht eingesetzt; wenigstens für kurze Zeit sollten durch sie ein paar Werkstudenten Arbeit finden. Während draußen Straßenschlachten und Wahlkämpfe tobten, die die deutsche Großindustrie zu Hitlers Gunsten sehr freigiebig unterstützte, rechnete man in der Dresdener Angelikastraße Pfennigs-Beträge aus. Elsa Brändström hat gewußt, wie sinnlos dieses

Unterfangen war. Aus den wenigen Briefen, die sie damals schrieb, liest man ihre klare und richtige Einschätzung der politischen Situation. Sie spricht von wachsendem Fanatismus vieler ihrer Schützlinge, von Antisemitismus und Republikfeindlichkeit adliger Bekannter. Hier habe sie anhören müssen, daß Christus Arier gewesen sei, dort habe man sich gebrüstet, Hindenburg noch weiter zum Tee einzuladen, »obwohl er sich nicht zu schade gewesen sei, die Präsidentschaft der Weimarer Republik anzunehmen«. Brüning wird seines Mutes und seiner Sparsamkeit wegen bewundert. Die Briefe sprechen auch von mancher Enttäuschung im engeren Freundeskreis. Am 3. Januar 1932 wurde die Tochter Brita geboren. Sie verließ Deutschland kurz nach den Eltern. Im Sommer 1934 reiste sie ihnen mit Anni Rothe, ihrer geliebten »Addi« nach, kennt heute außer Amerika viele Länder Westeuropas, auch die Bundesrepublik, nicht aber ihre Geburtsstadt Dresden.

Von dieser Zeit an gibt es in der deutschen Presse nur noch wenige Berichte über Elsa Brändström, die einst so überschwenglich Gefeierte. Es beginnt ein Kapitel des Verschweigens, der Entstellung und Umdeutung, denn anders wußte man sich gegen das entschiedene Nein dieser Frau nicht zu helfen. Sie sagte nein, als Nazi-Behörden sich darum bemühten, ihre Popularität für die Einheits-Wohlfahrt »Winterhilfswerk« zu gewinnen. Sie sagte nein, als Hitler sie zu sich lud. »Ich hatte einen Augenblick gefürchtet, Elsa könnte mit einem Zipfel ihrer Leichtgläubigkeit in den Schlingen hängen bleiben, die die Nationalsozialisten so unglaublich geschickt legten und verdeckten«, gestand ihre Freundin Elsa Björkman. »Ich setzte meine Hoffnung vor allem auf ihren Mann. Als ich ihr dies später erzählte, wurde sie böse – es war einer der wenigen Augenblicke, bei denen ich sie böse gesehen habe. ›Wie konntest du so etwas denken!‹, rief sie mit der ganzen Entrüstung eines wütenden jungen Menschen. Und ich fühlte mich recht armselig; ich hätte doch verstehen müssen, daß sie niemals von etwas angelockt werden konnte, was in sich Unritterlichkeit, niedrige Gesinnung und Grausamkeit trug.«

Dem von Hitler gewünschten Besuch war eine Aktion Marie Gallison-Reuters vorausgegangen. Die Deutsch-Amerikanerin muß Elsa Brändström sehr falsch beurteilt haben, sonst wäre es wohl nicht zu diesem Versuch gekommen, beide Parteien zu versöhnen. Ihr Buch »Mein Leben in zwei Welten« verrät auch, daß sie von Hitler ein unzutreffendes Bild gehabt hat; sie hielt ihn für einen »Idealisten, der immer in den Wolken schwebt« und sogar für einen »Gentleman«. Über ihren Besuch in der Reichskanzlei heißt es: »Schließlich erzählte ich Hitler von einem Brief, den ich von Elsa Brändström-Ulich erhalten hatte, und sagte ihm, sie habe eine Reihe von Jahren vor ihm seine Gedanken über die Erziehung der jungen Generation in die Tat umgesetzt. Ich fügte hinzu, in der Vorrede zu ihren Schriften über Jugenderziehung komme das Wort ›ich‹ wiederholt vor, in den Berichten selbst jedoch nicht ein einziges Mal.« (Solche Berichte existieren übrigens nicht.) »Er wurde vor Begeisterung ganz aufgeregt und fragte Meerwaldt vielleicht ein halbes Dutzend Mal: ›Haben Sie ihre Adresse aufgeschrieben? Ich muß diese Frau sehen, ich muß sie sehen.‹« Über verschiedene Kanäle wurde das Treffen vorbereitet.

Es sollte auf Hitlers Wunsch an jenem Tage stattfinden, als das Ehepaar Ulich Dresden verließ, um nach Amerika zu reisen. Das Absage-Telegramm, in der Nacht zuvor aufgegeben, lautete: »Nein, Elsa Brändström-Ulich.« Vorausgegangen waren noch verschiedene Beschwichtigungsversuche, den erklärten Sozialisten Professor Dr. Ulich seiner in deutschen Soldatenkreisen so beliebten Frau wegen weiter an der Technischen Hochschule Dresden zu dulden. Da der Gelehrte keinen Kompromiß wünschte und seiner Meinung deutlichen Ausdruck verlieh, hielt er die Entlassung aber für »unausweichlich« und folgte gern einer neuerlichen Berufung zu Gastvorlesungen an der Harvard-Universität in Cambridge, Massachusetts.

Im Januar 1934 reiste er mit seiner Frau über Berlin nach Hamburg. Es blieb beiden nicht erspart, daß ihnen auf der letzten Wegstrecke ein führender Vertreter der Kriegsheimkehrer erzählte, er und sein Sohn hätten Hitler eines Tages die Treppe der Reichskanzlei hinaufgehen sehen: »Der schönste Augenblick unseres Lebens!« Es gab in Berlin, Hamburg und Cuxhaven Spaliere von Männern mit Kriegervereins-Mützen und SA-Uniformen, überall Ovationen, die die Ausreisenden als »lächerlich und sinnlos« empfanden.

Sie hatten die letzten Tage in Deutschland auf dem Blankeneser Kösterberg zugebracht. Dort, im »Weißen« und »Roten Haus« der Familie Warburg, ist 1950 ein Werk begonnen worden, das den Geist Elsa Brändströms weiterträgt. 13 Schulen, 7 Heime oder Siedlungen, eine Schwesternschaft und ein Krankenhaus sind bei uns inzwischen auf den Namen der großen Schwedin getauft und fühlen sich ihr besonders verpflichtet. Unter diesen Institutionen ist die Hamburger Einrichtung wohl die beispielhafteste. Zum »Elsa Brändström-Haus im Deutschen Roten Kreuz« auf der schönen Elbhöhe von Blankenese gehörte ein Müttergenesungsheim für werktätige und erholungsbedürftige Frauen, das später in ein Kurheim umgewandelt wurde. Mehr als 7000 Gäste haben bis heute dort geweilt, vor der Errichtung der Mauer waren darunter auch Frauen aus der DDR. Jetzt kommen alte Menschen aus West-Berlin, Mütter von geistig oder körperlich schwerkranken Kindern, Erholungssuchende, denen das Deutsche Rote Kreuz einen Ferienaufenthalt ermöglicht. Auf dem Kösterberg gibt es zudem eine Vorschule für soziale und pflegerische Berufe mit der Bilanz, daß sich 60 % der Schülerinnen später als Kranken- und Säuglingsschwestern ausbilden lassen, 20 % Kinderpflegerin oder -gärtnerin werden und 20 % einen verwandten oder anderen Berufsweg wählen. Hier wurde das Freiwillige Soziale Jahr erprobt und eingeführt, hier leben seit 1963 Studierende der Hamburger Fachschulen im Wohnheim mit 21 Plätzen und einer regen Selbstverwaltung. 85 Universitäts- und Hochschul-Studenten finden Platz im »Elsa Brändström-Colleg« am Tinsdaler Kirchenweg. Daß zu ihnen junge Menschen aus Asien und Afrika gehören, rechtfertigt den Namen einmal mehr. Und wenn zu diesen schon breit gestreuten Gruppen noch viele Tagungs-Gäste kommen, Ärzte und Praktikanten, Soziologen und Pädagogen, Jugendbehörden und Evangelische Akademie-Teilnehmer, geschieht auch das im Sinn einer Frau, die gern alle Kreise miteinander vertraut machen wollte. Elsa Brändström hat diesen Flecken Erde sehr geliebt, das dort in ihrem Namen begonnene Sozial- und Bildungswerk aber nicht mehr erlebt.

Als die amerikanische Journalistin Dorothy Thompson am 25. August 1934 von der Gestapo im Berliner Hotel Adlon die Aufforderung erhielt, Deutschland innerhalb von 24 Stunden zu verlassen, ging diese Nachricht sogleich um die ganze Welt. Auf der Titelseite der New York Times und vieler anderer Blätter fand man am nächsten Tag das Ereignis geschildert und kommentiert. Es schien einzigartig in der Geschichte der Presse. Die politische Berichterstatterin »erwachte eines Morgens«, wie ihr Biograph Sheean schreibt, »und ward von Stund an berühmt«.

Die sehr berühmte Elsa Brändström wurde nicht aus Deutschland ausgewiesen. Ihr Fortgehen hatte aber gleichfalls politische Motive. Daß man es als endgültig verstand, beweisen die Heimkehrer-Abordnungen an drei Bahnhöfen: bei der ersten Amerika- und bei der letzten Rußlandreise hatte sich niemand auf dem Perron eingefunden. Dann aber blieb es still; der »Auszug des Geistes« – so heißt ein nach Bremer Radiobeiträgen zusammengestellter Sammelband über bedeutende Emigranten, der auch Professor Robert Ulichs gedenkt – vollzog sich ohne merklichen Protest. Freilich war die Presse bereits gleichgeschaltet und verbreitete unangenehme Nachrichten kaum mehr. Doch auch zurückgebliebene Freunde gestehen, nichts gehört und nichts getan zu haben. Eduard Juhl führt in seinem Buch die Tatsache an, daß ehemalige Kriegsgefangene »eine große Reichstagung in Anwesenheit der Behörden und der Nazipresse« gleich nach Bekanntwerden des Ulich'schen Auswanderungsentschlusses abgehalten hätten. Das Ergebnis sei negativ gewesen.

Wenn Goebbels, wie verschiedene Quellen berichten, erbost über Elsa Brändströms Weigerung, sich in seine Propaganda eingliedern zu lassen, die unbeherrschten Worte geäußert hat: »Diese Frau soll noch vor mir knien!«, scheint er nach ihrer Ausreise doch für einen anderen Kurs gewesen zu sein. Blättert man in Zeitungsarchiven, so findet sich Ende des Jahres 1934 in vielfacher Wiederholung die Nachricht, das Buch »Unter Kriegsgefangenen in Rußland und Sibirien« habe die Tschechoslowakei im Oktober als staatsgefährdend verboten. Nicht gesagt wird, wo sich die Autorin zur Zeit aufhielt und daß an eine Neuauflage in Deutschland keineswegs gedacht wurde. Diese Hinweise fehlen weiterhin in den für Gedenktage oder Todesfall der »Heiligen von Sibirien« vorbereiteten Presseartikeln, fehlen im »Elsa-Brändström-Dankbuch« und hatten wohl kaum Platz, wo braune Fahnenträger zur Umbenennung von Alleen, Wegen und Gassen in »Elsa Brändström Straßen« aufmarschierten, um noch einmal ihren Lebensgang, wenn auch nur auszugsweise, anzuhören.

Im Sächsischen Landeshauptarchiv Dresden sind über die Emigration Professor Dr. Robert Ulichs keine Akten erhalten. Dort kann man zwar die Titel seiner Vorlesungen von 1928 bis 1934 und die Wochenstundenzahl seiner Kollegs genau ermitteln. Er steht noch bis zum Sommer-Semester 1935 im Universitätsverzeichnis, dann fehlt auch der Name. Die Festschrift »125 Jahre Technische Hochschule Dresden 1953« weist auf seine Verdienste hin, wenn es heißt: »Mit insgesamt 36 hauptamtlichen Mitgliedern des Lehrkörpers und 659 immatrikulierten Studenten ... nahm die Kulturwissenschaftliche Abteilung zur Jahrhundertfeier die zweite Stelle unter den Abteilungen ein ... Der faschistisch-imperialistische Staat, die faschistische Diktatur bewirkte den einer Auflösung gleichkommenden Niedergang dieser über den Rahmen der Hochschule hinaus damals im Kulturleben geschätzten Stätte wissenschaftlicher Arbeit.« Wer die letzte

Vorlesung Robert Ulichs an der Harvard-Universität vor seiner Emeritierung hören konnte, erinnert sich, wie damals von Gelehrten und Studenten sein wissenschaftliches Lebenswerk gefeiert worden ist, das für den pädagogischen Nachwuchs des nordamerikanischen Kontinents bedeutungsvoll bleibt.

Der Anfang in den USA war schwer. Keineswegs ließ sich bei dem wachsenden Strom europäischer Geisteswissenschaftler, die nun über den Atlantik kamen, eine Verlängerung der auf ein dreiviertel Jahr befristeten Gastprofessur voraussehen. Elsa Brändström-Ulich blieb aber unbesorgt. Daß sie mit jeglichen Bedingungen vorlieb nehmen konnte, hatten die Jahre in Rußland bewiesen. Daß sie während der letzten Monate in Deutschland schon auf neue Situationen vorbereitet worden war, klingt aus einem Brief an Dr. Fritz Warburg vom 28. August 1933: »Durch Geheimrat Duisberg weiß ich, daß Sie seiner Anregung in so rührender Weise gefolgt sind und einen Betrag gezeichnet haben, um mich in meiner neuen, wirtschaftlich schweren Lage zu unterstützen. Ich möchte Ihnen hiermit aufs herzlichste für Ihre freundliche Absicht danken. Ich habe aber Herrn Geheimrat Duisberg gebeten, mir diese Spende nicht zukommen zu lassen, und möchte auch Sie bitten zu verstehen, daß ich sie nicht annehmen möchte. Ich kann mir nicht vorstellen, daß meine Arbeit, die ich so aus innerem Trieb und ohne jede Absicht, Dank zu ernten, aufnahm, mir zu einem wirtschaftlichen Vorteil verhelfen sollte. Dies würde mein persönliches Verhältnis zu dieser Arbeit erschüttern, in der mir gerade das Bewußtsein, selbst keinen Gewinn zu haben, eine der stärksten Hilfen gewesen ist. Ich werde daher auch trotz der eingeengten Verhältnisse versuchen, meine bisherige Tätigkeit vollends durchzuführen ...« Reichspräsident v. Hindenburg hatte diese Einstellung offenbar als selbstverständlich vorausgesetzt und ein Bittgesuch von Freunden, Elsa Brändström, »die soviel für die Deutschen getan« habe, kurze Zeit zu unterstützen, in wenig nobler Weise beantwortet.

Über den Beginn der amerikanischen Zeit schreibt eine Freundin der Familie Ulich, die schon länger in den Staaten weilte: »Entwurzeltsein und Sichwiedereinwurzeln erfordern eine ungeheure Anstrengung, und nur der, der selbst betroffen ist, kann diese Mühe ahnen. Die ersten Jahre in den USA sind vor allem gekennzeichnet durch die selbstvergessene Hingabe, mit der sich Elsa der beruflichen Karriere ihres Mannes, der Schaffung eines eigenen Heimes und der Betreuung von Kind und Freundin widmete. Es hieß in fremdem Land, in fremder Lebensart und -auffassung Fuß fassen, eine fremde Sprache meistern. Es hieß sich auseinandersetzen mit der vielgesichtigen und hintergründigen Art des Landes, das auf den ersten Blick so einfach ausschaut und so gastfreundlich wirkt. Hinzu kam die politische Entwicklung in Deutschland. Ich erinnere mich der ersten Besuche bei Ulichs in der engen Mietswohnung, der klaglosen und positiven Hinwendung zum neuen Lebenskreis. Einige Jahre später kauften sie dann das Haus in der Walker-Street, das ihrem Stil entsprach und das sie in so unvergleichlicher Weise beseelten.«

Längst bevor Robert Ulich im Februar 1936 Ordentlicher Professor an der Harvard-Universität wurde und die familiäre Zukunft damit gesichert hatte, war seine Frau wieder eingespannt in ein Netz vielschichtiger Aufgaben, delegiert, wie immer, von ihrem eigenen Herzen. Diese Tätigkeit zu schildern, ist ein schwieriges Unterfangen. Zwar liegt sie uns zeitlich am nächsten, und für kein anderes Lebenskapitel sind soviele Gespräche geführt worden. Aber es gibt weder Statistiken noch Bilanzen vom Ausmaß dieser Flüchtlingshilfe, bei der jeder Fall sich vom anderen unterschied. Wer ein zutreffendes Bild über das letzte große Liebeswerk Elsa Brändströms vermitteln wollte, müßte tausend Mosaiksteine zusammensetzen. Doch selbst dann hätte er wohl eine vorläufige Auswahl getroffen; die Schutzsuchenden von damals leben heute in vielen Ländern der Welt. Nur verhältnismäßig wenige konnten befragt werden.

Ein amerikanischer Journalist schrieb später: »Ich kenne gut Elsa Brändströms Zeit als ›Engel von Sibirien‹, weil ich lange Korrespondent in Deutschland war. Ich weiß, daß sie das Leben von mehr als hunderttausend Menschen gerettet hat. Aber ich wage zu behaupten: ihr Triumph ist die Arbeit für Flüchtlinge gewesen. Sie hatte nichts vom Glanz des Abenteuerlichen. Sie war grau und schwer, manchmal sogar nicht einmal erwünscht. Und doch hat diese Frau alles auf sich genommen mit der glaubenssicheren Tapferkeit eines Soldaten der Heilsarmee und mit der siegesgewohnten Gewißheit einer Dame der Gesellschaft, ohne Übermut, ganz schlicht, ganz selbstverständlich.« Elsa Brändström verglich einmal in anderer Weise diese Zeiten: »Hier sehe ich mehr vom bodenlosen Hunger der Seelen als in den Gefangenenlagern Sibiriens. Die Soldaten hatten ja noch die Hoffnung auf Heimkehr; den Flüchtlingen aber ist sogar das Brot der Sehnsucht nach Hause genommen worden.«

Zwei große Aufgaben bestimmten die kommenden Jahre: den politisch oder rassisch Verfolgten in Deutschland und Österreich die Einreise nach Amerika zu ermöglichen und ihnen, wenn sie in einem der Ostküsten-Häfen gelandet waren, auf dem fremden Kontinent weiterzuhelfen. Der erste Teil dieser Bemühungen setzte vor allem Gespräche mit Amerikanern voraus, der zweite und noch schwierigere hieß individueller Rat, schnelle Tat für die schuldlos Vertriebenen.

Selbst wer von ihnen nicht englisch sprach, hatte in diesen finsteren Zeiten doch ein Wort verstanden und wohl tausendmal vor sich hin buchstabiert: Affidavit, Garantieerklärung, Bürgschaft, Zentrum aller Wünsche. Mit dem gleichen Wort machte sich Elsa Brändström-Ulich jetzt auf den Weg zu Bekannten, nachdem man sie, wie ihre schwedische Freundin erzählt, »schonend darauf hingewiesen hatte, daß die wirtschaftlichen Verhältnisse der eigenen Familie für eine unbegrenzte Zahl von Bescheinigungen nicht ausreichten«. Täglich kamen aber mehr Bitten und Hilferufe aus Europa. Die Vereinigten Staaten litten in diesen Jahren noch unter den Folgen der Depression, es gab viele Arbeitslose oder nur stundenweise Beschäftigte. Deshalb forderten die Behörden in jedem Fall eine notariell beglaubigte Versicherung, daß ein Neu-Einwanderer keiner Wohlfahrtsorganisation zur Last fallen würde. Dieses Papier zu besorgen, hat Elsa Brändström unzählige Briefe geschrieben, viele Reisen unternommen und eine nicht zu beschreibende Energie aufgewendet. Sie war bereit, ihren meist wenig informierten Gesprächspartnern immer wieder die gleiche Aufklärung über Hitler-Deutschland zu geben, immer wieder die schwerverständliche Tatsache zu erläutern, daß dort neuerdings zwei Menschenarten unterschieden würden: die »guten Volksgenossen« und die anderen, denen Ausbürgerung und Verfolgung drohte. Was die Bittstellerin so ungern tat, geschah jetzt manchmal. Sie sprach von ihrer eigenen Vergangenheit, um sich Kredit zu verschaffen.

Wenn am Abend fünf oder zehn Briefe mit dem Vermerk »Affidavit besorgt« zur erledigten Post gelegt werden konnten, waren fünf oder zehn Menschenleben gerettet. Elsa Brändström sah nur diesen Erfolg und dachte längst nicht mehr daran, daß sie am gleichen Tag vielleicht fünfzig Mal das mitgeführte Bündel von Notrufen Unbekannter hatte übersetzen müssen, daß eine kirchliche Gemeindeversammlung, vor der sie sprechen sollte, enttäuschend schlecht besucht gewesen war, oder daß man sie andernorts nicht nur stundenlang sondern auch vergeblich hatte warten lassen. Ihre Tochter erinnert sich nicht mehr des kindlichen Vorschlags, den Elsa Björkman überliefert: »Will denn Mutti nicht heute abend einmal zu Hause bleiben? Wir können ja hier sitzen und von Affidavits *reden*, Mama!« Sie weiß aber noch gut, wie dieses Zauberwort zu ihrer Kindheit gehört hat. Man sprach es aus, als habe jemand das Große Los gezogen. Bei den »Nieten« war es für weitere Versuche dann manchmal schon zu spät. Solches Mißlingen, hinter dem oft ein grausiges KZ-Schicksal stand, hat Elsa Brändström Unruhe und Depressionen bereitet.

Einsichtige Kreise waren in Amerika schon früh zu der Überzeugung gelangt, daß Hitlers Expansionsgelüste und damit auch der Strom von Bedrängten noch wachsen würden. Hilfsorganisationen rüsteten sich, dieser Entwicklung zu begegnen. Schon 1934 kam es zur Gründung des Komitees für jüdische Flüchtlinge, ihm folgte bald ein Hilfswerk für christliche Nichtarier, unterstützt durch den Bundesrat Protestantischer Kirchen und die »Nationale Katholische Wohlfahrts-Agentur«. Daneben gab es städtische und bundesstaatliche Vereinigungen. Auf den Briefköpfen dieser Organisationen, die nach amerikanischer Gepflogenheit Namen von Präsident, Vize-Präsident, Sekretär, Schatzmeister und Vorstand enthalten, findet man fast immer auch Mrs. Robert Ulich oder Mrs. Elsa Brändström-Ulich.

Sich an die oftmals viel Zeit erfordernde Arbeitsweise solcher Komitees und Subkomitees zu gewöhnen, scheint ihr nicht leicht gefallen zu sein. Doch die Einsicht, daß private Initiative längst nicht mehr ausreichte »machte Frau Ulich zur geduldigsten, wenngleich zähesten Diskussions-Sprecherin«, wie sich ein Amerikaner erinnert. Sie zog zwar weiter mit Wandtafel und Kreide durch die Orte Ost-Amerikas, um das Ausmaß des Elends schwarz auf weiß verständlich zu machen, und warb, unterstützt von Herta Epstein, um jede Bürgschaft einzelner Bürger. Wer geldliche Hilfe nicht leisten konnte, solle wenigstens seinen Namen geben und möglichst den in Boston von Bord gehenden Flüchtling willkommen heißen. Für die finanzielle Seite sorge dann ein Komitee. Der Anschluß Österreichs im Frühjahr und die barbarische »Kristallnacht« im Herbst 1938 verlangten von diesen Organisationen rascheste Hilfsmaßnahmen. Denn gewachsen war noch einmal der Schub solcher Emigranten, die schon verschiedene Länder Europas durchirrt hatten und jetzt nur in Übersee auf eine Lebenschance hofften; gestiegen war die Bedrohung aller verbliebenen deutschen Juden.

In dieser Zeit sagte Elsa Brändström-Ulich zu einer Mitarbeiterin, sie habe ihr in Deutschland so oft neuaufgelegtes Buch mit dem lateinischen Wahlspruch geschlossen: »Probantur tempestate fortes« – im Sturmgewitter erst zeige sich die Kraft der Starken. Jetzt sähe sie, daß es Unmenschlichkeit gäbe, die keine Bewährung mehr möglich mache. Wer im Schutz der Dunkelheit wie Schlachtvieh abtransportiert würde, könne als deutscher Bürger nur schreien, als Träger des David-Sterns nur schweigen. Und beides würde von den Mördern gewiß falsch ausgelegt.

Zur Rettung der manchmal schon in Vernichtungslisten eingetragenen Opfer des Hitler-Regimes gehörte nicht allein die Überfahrt. Wer in Amerika landete, konnte sich nur in den seltensten Fällen auf dortige Freunde oder Verwandte berufen. Die meisten hatten keine Adresse und keine Verständigungsmittel. Sie fühlten sich im sprichwörtlichen Land der unbegrenzten Möglichkeiten ihres Alters oder Berufes wegen oft total hilflos und nach soviel Grenzübergängen, Verstecken, Hungerperioden am Ende aller Kräfte. Es gab viele Berichte von Selbstmorden Gehetzter aus den Ländern Mitteleuropas. Mit jeder Schiffslandung begann also erneut die zweite große Aufgabe, keinen vorläufig Bewahrten jetzt im fremden Erdteil stranden zu lassen. Ein prominentes amerikanisches Mitglied vieler Hilfsorganisationen berichtet, man habe sich damals oft ernsthaft die schreckliche Frage beantworten müssen, was in diesen von Hitler diktierten Umständen eigentlich wichtiger sei: Ausreisen zu ermöglichen oder Einwanderer zu unterstützen. Mrs. Ulich sei dann aufgestanden und habe in einem unvergeßlichen europäischen Englisch wie die Stimme all dieser Verfemten gesprochen. »Beides ist am wichtigsten, solange noch irgendein Schlupfwinkel aus der Tyrannei offenbleibt, solange noch ein Schiff in Amerika anlegt.«

Das Ulich'sche Haus in der Walker-Street hatte seit Jahren viele Bekannte und Unbekannte, Empfohlene, Freunde von Freunden aufgenommen, bewirtet und für die nächste Station des Einlebens stark gemacht. Die damals längst mit amerikanischen Lebensformen vertraute Freundin Rosemarie Wild berichtet: »Ungezählt sind die Stunden, die Elsa jedem Notleidenden widmete. Sie war ganz konzentrierte Aufmerksamkeit, ganz mit dem anderen beschäftigt. Mit großem Ernst sagte sie dann: ›Ja, wenn ich an Ihrer Stelle wäre, dann würde ich doch zuerst . . .‹ oder sie rief hell und ermutigend: ›Aber das ist doch ganz einfach, warum fassen Sie hier nicht zu?‹ Alles Verzerrte und Zugesperrte schien dem Fremden dann auf einmal lösbar. Es war erstaunlich, ja ergreifend, zu sehen, wie die Menschen unter ihrem Zuspruch sich zu neuen Wegen entschlossen und sie auch fanden.«

In diesem Haus unerschöpflicher Gastlichkeit wurde gleichzeitig strenge wissenschaftliche Arbeit geleistet, wuchs ein Kind heran. Brita durfte im Keller mit ihren weißen und farbigen Freunden toben. »Dem Vater zuliebe« war sie aber gehalten, sich stundenweise leise zu beschäftigen. »Die Ehe meiner Eltern enthielt gegenseitige Bewunderung«, erzählt die Tochter, verheiratet mit einem amerikanischen Bergwerks-Ingenieur, dessen Familie vor Jahrhunderten aus Skandinavien eingewandert ist, Mutter von vier Kindern. »Alles, was sie selbst nicht für ihre Stärke hielt, wurde von meiner Mutter geradezu verehrt. Ich spürte immer, wie stolz sie über die Veröffentlichungen ihres Mannes war. Im Übrigen fand ich damals, daß wir einen seltsamen Haushalt führten. Alles spielte sich anders ab als bei meinen Freunden. Wir sprachen deutsch. Wir waren fast nie allein während der Mahlzeiten. Addi kochte und versorgte uns. Mutter organisierte und war oft fort. Ich durfte mit farbigen und sehr armen Kindern spielen – andererseits aber wurde ich auch zum Subdebütantinnen-Ball gemeldet, wo sich die höheren Töchter der Universitätsstadt amüsierten. Meine Mutter wollte, daß ich mich überall natürlich und sicher bewegte. Wir haben soviel miteinander gelacht. Wenn sie von einer Reise zurückkam, schallte es schon durch's Treppenhaus: ›Brita, wo bist du? Wo hast du getanzt? Mit welchen Freunden wart ihr zusammen? Welche Bücher hast du gelesen?‹ Natürlich interessierte es meine Mutter eigentlich nicht, wer im letzten Kriminalroman wen ermordet hatte. Aber sie hörte so lieb zu, weil ich mich für solche Fälle begeisterte.«

Die Tochter wurde früh zur Selbständigkeit erzogen. Während der Ferien half sie in Pensionen bei der Bewirtung von Gästen oder auf der großen Obstfarm der Freunde Wild in Connecticut. Sie sollte später in Upsala studieren, aber möglichst schon vorher imstande sein, einen Haushalt allein führen zu können. Auch Elsa Brändström kochte gelegentlich gern, besonders, wenn sie mit einem schwedischen oder deutschen Gericht ihren Gästen etwas heimatliche Atmosphäre schenken konnte. »Ging meine Mutter in die Küche, so wurde ein Fest daraus«, erinnert sich Brita Skelding, und eine Freundin des Hauses erzählt: »Ganz deutlich sehe ich noch das Kind mit Ziegenpeter im Bett liegen, klein, elend und voller Schmerzen. Schwester Anni las vor. So hatte sie es für die Mutter oft und oft getan in eiskalten Zügen durch die russische Steppe. Aber Brita half es nicht. Da kam Elsa herein und rief: ›Heute feiern wir, heute essen wir Artischocken!‹ In ihren Händen trug sie ein großes silbernes Tablett, ein sorgsam gerichtetes Mahl, wie es kranken Kindern schmecken muß. Mit unendlicher Zärtlichkeit fütterte sie Brita und erzählte schnurrige Geschichten von ihrem Stadtausflug. Das Kind strahlte, es lachte trotz der Schmerzen und versprach, sich gesund zu schlafen.«

Von einer schwereren Krankheit der Tochter berichtet

Alice Cope. Brita lag in der Klinik, Anni Rothe war zu ihr gezogen, weil der Zustand bedenklich schien und die Eltern sich große Sorge machten. »Einmal mußte ich Elsa unbedingt sprechen. Ich ließ sie auf den Flur der Station herausrufen. Und sofort ging es um mein Thema, sofort galt alle Aufmerksamkeit den Fragen, die ich mitbrachte. Prägnant und sachlich schlug Elsa verschiedene Wege vor, einem uns Beiden fast unbekannten Menschen zu helfen. Ich wußte, wie sie um Britas Leben bangte. In diesem Augenblick habe ich meine Freundin sehr bewundert.«

Die Flüchtlingsbetreuung, von Elsa Brändström als jetzige Lebensaufgabe erkannt, forderte sicherlich den geduldigen Zuspruch ihrer Arbeit in Sibirien, aber vielleicht noch mehr Phantasie, konkretes Eingreifen, Behutsamkeit und Intuition. Die Kriegsgefangenen hatten gekleidet, ernährt, gesund gepflegt und zum Durchhalten eines schweren gemeinsamen Schicksals gestärkt werden müssen. Die mittellos in Amerika Landenden dagegen sollten auf einem fremden Erdteil ihr künftiges Geschick selbst in die Hand nehmen, sich schnell unabhängig von Organisationen machen und somit weitere Hilfsmöglichkeiten für die vielen Unglücklichen schaffen, die ihnen noch folgten. Unterkunft und Arbeitsplätze zu besorgen, war den mit amerikanischen Verhältnissen meist nicht Vertrauten aus eigener Kraft aber nicht zuzumuten. Hier gab es für Elsa Brändströms Organisationsgabe ein unermeßliches Wirkungsfeld.

»Wie sollte man ihnen den Start erleichtern?« berichtet ein Augenzeuge dieser Tätigkeit. »Wie ließ sich der Rektor der Leipziger Universität, die berühmte Opernsängerin, der Großkaufmann, der hohe Jurist in eine Ökonomie einfügen, die selbst ihre Krise durchmacht? Wie konnte man Türen öffnen, Lehrlinge unterbringen und gegen Vorurteile und Gewerkschaftsgesetze anrennen? Weiß man, was es heißt, wenn ein hochqualifizierter Arzt noch einmal studieren und sein Examen in Englisch ablegen muß? Was es für die Redakteure, Schriftsteller und Schauspieler bedeutete, nicht mehr in der Muttersprache arbeiten zu können und überflüssig zu sein? Es kamen Menschen aller Altersstufen, Pensionäre und junge Leute mit noch nicht abgeschlossener Ausbildung, oft Berufen angehörend, für die es in Amerika nichts Entsprechendes gab. Vielfach waren die Familien auseinandergerissen und hatten nahe Verwandte in Deutschland zurücklassen müssen. So übertraf ihre seelische Not meist noch die physische und finanzielle.«

Natürlich konnte nicht jeder gleich untergebracht werden. Aber jedem scheint schon beim ersten Gespräch mit Elsa Brändström ein großer Segen zuteil geworden zu sein. Nach fast dreißig Jahren klingt er noch wie verabredet aus den Gesprächen mit Flüchtlingen von einst: »Ihre Gabe war die Ermunterung. Sie spornte an, daß die eigenen Kräfte daraus Nahrung zogen. Plötzlich hellte sich die ganze Situation auf. Und sie versprach zu helfen.«

Das hieß wieder, Briefe schreiben, Besuche machen, reisen. Bepackt mit den Unterlagen der Heimat- und Arbeitslosen, unternahm sie ihre dritte amerikanische »Bettelfahrt«, kleiner dem Radius nach, aber wohl noch mühsamer; denn jetzt wurde kein Engel gemeldet wie 1923, und wenn sich bei der Bitte um Affidavits gelegentlich noch Säle füllten, die Suche nach Arbeitsplätzen erforderte Gespräche hinter geschlossenen Türen. Sie sind meist über diesen Rahmen hinaus nicht bekannt geworden. Ablesbar war nur der Erfolg für den einzelnen, der zwar, wie die deutsche Psychologin Dr. Irmgard Norden berichtet, »als Teil eines zusammenhängenden Geschehens höchstens im begrenzten Umfang um das Ganze, um das Schicksal der anderen wußte, sich aber rasch mitverantwortlich fühlte diesem Ganzen und der nimmermüden menschlichen Bereitschaft gegenüber, die von dem führenden Geist und Herz Elsa Brändströms ausging«.

Sie besuchte Universitäten und Institute, Hospitäler und Forschungszentren, Bibliotheken, Museen, Büros und Fabriken aller Art, um Stellen zu ermitteln. Dabei wurde die Beschäftigung im bisherigen Beruf als Ziel gesehen. Sie war aber auch dankbar, wenn sich Chancen auf einer niedrigeren Ebene boten, wenn etwa ein Arzt zunächst einen Platz als Krankenpfleger fand, ein Jurist anfangs mit dem Sichten von Fachliteratur die ersten mühsamen Dollar verdienen konnte oder ein in Deutschland berühmter Philosophieprofessor für die Katalogisierung von Neueingängen in einer Bibliothek verantwortlich gemacht wurde. »Wenn Elsa eines durch ihr unruhiges Leben gelernt hat«, meint die schwedische Freundin Björkman, »so war es dies: daß der Mensch ohne Arbeit verloren ist. Besonders die intellektuellen Flüchtlinge zeigten ihr in Amerika noch einmal die Wahrheit dieser Erkenntnis.« Gerade sie aber brachten aus Deutschland auch die meisten Kasten-Gesetze und Traditionen mit, standen der praktischen Seite des Lebens oft fremd und hilflos gegenüber. Solange Elsa Brändström an Unvermögen und guten Willen glauben konnte, wahrte sie ihre schon in anderen Erdteilen erprobte Geduld, zeigte sie immer wieder durch eigenes Beispiel, daß man die geringste Tätigkeit mit frischem Mut erfüllen konnte. Nur wenn Dünkel das Hindernis war, sich im fremden Bereich zurechtzufinden, gab sie ihrem Mißfallen klaren Ausdruck. »Selbstbemitleidung« wurde dann gelegentlich als leider verbreitete deutsche Untugend bezeichnet und dagegen ein Arbeitsethos gesetzt, das die Würde jedes Berufes sah.

Manchmal aber waren die nach sovielen Fluchtstationen endlich ans Ziel Gelangten einfach zu erschöpft, um sich der neuen Situation stellen zu können. Sie mußten eine Weile geschont und versorgt werden. Elsa Brändström suchte Erholungsplätze in Pensionen und auf Landsitzen von Freunden. In dieser Zeit erhielt sie großzügige Angebote. So stellte zum Beispiel die Witwe eines Harvard-Professors für zwei Jahre ihre Villa in Universitätsnähe zur Verfügung. Andere »Guest-Houses« konnten in der Umgebung Bostons, wo damals die meisten Schiffe mit Flüchtlingen anlegten, bezogen werden. Über eines von ihnen berichtet Dr. Charlotte H. Blaschke: »Als Elsa Brändström mich telefonisch mit der Führung dieses Hauses betraute, war ich gewiß keine qualifizierte Kraft für solche Arbeit. Erfahrungen im Leipziger Verlagswesen bereiten kaum darauf vor, zwanzig Personen dreimal am Tag zu beköstigen. Allerdings war ich nicht ganz berufsfremd, denn ich hatte in Amerika schon als Hausmädchen gearbeitet. Also sagte ich zu und wurde drei Tage später erwartet. Es gab einen liebevoll-gastlichen Begrüßungsabend in der Walker-Street, und früh am nächsten Morgen begann meine neue Tätigkeit. Wie verschieden die Probleme in unserem Hause auch waren, die fast täglich hereinschauende Elsa Brändström kannte sie alle und interessierte sich für jede Entwicklung. Im kleinen Kreis oder einzeln ließ sie sich berichten, gab Anregungen, erzählte wohl auch von ihren eigenen Erfahrungen auf dem neuen Kontinent. Immer lag ihr daran, Vertrauen in die Zukunft zu schaffen.« Ein damaliger Gast erinnert sich: »Unvergeßlich bleibt mir die Begegnung mit Elsa Brändström. Auch wenn sie kam, sprachen wir noch von früher. Doch die lähmende, versteinernde Wirkung solcher Gedanken über Verlorenes schwand in ihrer Nähe. Man war plötzlich bereit, sich wachzurütteln. Woher mag sie die Kraft genommen haben?«

Ulichs besaßen ein Wochenendhaus in den Wäldern von New Hampshire, etwa zwei Autostunden von Cambridge entfernt. »Der Blick auf Mount Monadnock war zauberhaft«, erzählt Robert Ulich, »doch Elsa genoß ihn selten, wenngleich sie die Gegend sehr liebte. Nur Britas und meinetwegen hatte sie gefunden, daß wir das kleine Anwesen kaufen sollten. Hier konnte gespielt und ungestört gearbeitet werden. Kam sie dann zum Wochenende heraus, brachte sie gewiß Gäste mit. Erholung hielt sie, wenn es sie selbst anging, für überflüssig.«

Professor Dr. Luise Holborn weiß von kurzen, intensiv genossenen Pausen zwischen aufreibender Arbeit. Mit ihr besprach Elsa Brändström Vorträge, Radiosendungen, Möglichkeiten, wie jungen Leuten durch Stipendien weitergeholfen werden konnte. Manchmal fuhren sie nach langen Unterhaltungen dann noch für eine Stunde ins Land hinaus. »Elsa wollte nicht nur sehen, sie streckte sich am Boden aus, fühlte und roch die Erde.«

Seltene Momente, denn es gab die Arbeit und zudem ein offenbar nie nachlassendes Interesse für Amerika. Rosemarie Wild, deren deutschbürtiger Mann damals ein großes Industrieunternehmen in Springfield leitete, berichtet von der Vielzahl der Themen, die dort oder in Cambridge erörtert wurden: die Staffelungen der amerikanischen Gesellschaft, die Tradition der alteingesessenen Familien mit ihrem Reichtum und ihrem Elitedenken, die verschiedenen ethnischen Gruppen in ihrer Anpassung und Gliederung, die Folgen der Wirtschaftskrise, die politische Konstellation. »Wie unvergeßlich, wenn Ulichs ins Haus schneiten, strahlend und belebt von der Fahrt durch die Hügelwellen New Englands. Elsa war immer begierig, etwas Neues zu lernen. Sie ließ sich sehr genau alle Industrieanlagen zeigen, begeisterte sich an klaren Dispositionen und organisatorischer Zügigkeit, hatte tausend Fragen. Mit Werkführern und Arbeitern ergab sich sofort ein lebhaftes Gespräch über Tätigkeit und Verantwortung. Jede Anregung übersetzte Elsa in Vorstellungen der Tatkraft. So wollte sie etwa wissen, wieviele Einwohner und Autos Springfield hätte. Und gleich kam die Umrechnung: Dann läßt sich die Stadt innerhalb von zwei Stunden evakuieren.«

1937 reiste die Familie noch einmal gemeinsam mit Anni Rothe nach Europa. Dort trennten sich die Wege, Hamburg und Dresden sah nur die Freundin wieder. »Deutschland konnte ich nicht besuchen, wie gern ich auch meine Eltern noch einmal getroffen hätte, aber Kenner der Situation rieten dringend ab«, erzählt Professor Ulich. Man blieb einige

Wochen in der Schweiz und einige Monate in Schweden. Hier ließen sich genaue Informationen über die Entwicklung Deutschlands sammeln. Die Besorgnis wuchs. Nach der Rückkehr soll Elsa Brändström »wie unter höchstem Zeitdruck« gearbeitet haben. Jetzt wurde auch Hausgerät und Mobiliar gesammelt, weil die Vertriebenen, je später sie kamen, um so ärmer waren. Neben Akademikern und Geschäftsleuten, Künstlern und Technikern registrierten die Einwandererlisten mehr und mehr auch Gewerbetreibende, Angestellte und Handwerker. Ihnen zu helfen, war oft besonders schwer; aus einem festgefügten Lebenskreis gerissen, ohne Sprachkenntnisse, vertraut nur mit den Menschen ihres Dorfes, ihrer Straße oder Kleinstadt, mußte ihnen Amerika wie ein gigantischer Riese erscheinen.

Elsa Brändström war zunächst hauptsächlich von Angehörigen geistiger Berufe um Unterstützung gebeten worden. In diesen Kreisen hatte sie von Deutschland her die meisten Freunde. Gemeinsam mit ihrem Mann, der sich gleicherweise unermüdlich für seine Schicksalsgefährten einsetzte, konnte sie ihnen fast immer ein Sprungbrett schaffen. Bis dieser Tag erreicht war, mußten oft die Frauen alle Kräfte einsetzen, als Serviererin, Zimmermädchen, Babysitter oder in der Fabrik arbeiten. Ihnen und den Alleinstehenden, Rentnern, dem jetzt täglich wachsenden Strom Verlassener zu helfen, begann im Sommer 1939 ein Unternehmen, das viele Gruppen in sich schließen konnte. Es war keine Idee Elsa Brändström-Ulichs, und zunächst bot sie nur ihren Rat, gehörte sie »nur« dem Vorstand an. Aber daß diese Institution, in Deutschland kaum bekannt, in den USA einzigartig, heute noch besteht, ist ihr Verdienst. Bei der Zwanzigjahrfeier sagte die derzeitige Präsidentin: »Denen, die Mrs. Ulich begegnet sind, brauche ich nicht zu sagen, welche Persönlichkeit sie war. Für die anderen, die dieses Glück nicht hatten, mag ihr Bild sprechen. Es zeigt, soweit ein Bild das vermag, ihren Glanz ...« Vom »Window-Shop« soll stellvertretend auch für die oft schon vergessene Hilfsbereitschaft amerikanischer Bürger ausführlich erzählt werden.

Man nennt ihn »Die Kleinen Vereinten Nationen« und »Fenster der Demokratie«, »Europa am Harvard Square« oder auch »Zentrum des guten Geschmacks«. Die Einrichtung besteht aus einem Geschäft und einem Restaurant. Was sie auszeichnet, ist im Lande der Drugstores natürlich nicht diese Kombination. Eher schon der durchaus europäische Charakter von Laden und Speiselokal. Vollends die auf Menü-Karten und Streichholzschachteln, auf Rechnung und Packpapier klein geschriebene Erläuterung: »Der Window-Shop ist ein uneigennütziges Unternehmen, das Neu-Amerikanern Beschäftigung und Hilfe gibt.« Das schöne Holzhaus in der Brattle-Street, englischer Kolonialstil, war schon im vorigen Jahrhundert berühmt. Damals wohnte dort jener originelle Schmied, den Henry W. Longfellow in seinem Gedicht »The Village« besungen hat. Wo einmal die Esse sprühte, ist jetzt in einem von großen Fenstern beherrschten Anbau das Geschäft des Window-Shop untergebracht. Beide Häuser flankieren einen geräumigen Vorhof, der als einziges Gartenrestaurant in Cambridge jährlich viele tausend Gäste zählt.

Seinen Ruf bis an den Pazifik verdankt der Betrieb der häufigen, offenbar zufriedenen Kundin Eleanor Roosevelt. Die Witwe des ehemaligen Präsidenten widmete eines Tages ihr in vielen amerikanischen Zeitungen erscheinendes Journal »My Day« dem Cambridger Unternehmen. Seitdem wollen viele Amerikanerinnen aller Bundesstaaten gern Spezialitäten der dortigen Küche probieren, wollen auch andere Großmütter ihre Enkel im Window-Shop einkleiden.

Vor dieser Entwicklung lag ein langer, mühevoller Weg. Die Anfänge reichen zurück bis in den Sommer 1939. Damals fanden sich Frauen von Harvard-Professoren mit dem Willen zusammen, etwas gegen das Elend der aus Deutschland und Österreich Vertriebenen zu unternehmen. Sie mieteten einen kleinen Raum, wo Flüchtlinge die Produkte ihrer Geschicklichkeit verkaufen konnten. Angeboten wurden handgemalte Geburtstagskarten, gestickte Blusen, Teewärmer aus Wollresten und Taufkleidchen, selbstgedrechselte Eierbecher und Christbaumschmuck. An den Rahmen dieses letzten Vorkriegssommers erinnert heute nur mehr wenig. Aber der Name des bescheidenen Zimmers mit dem großen Fenster ist geblieben.

Die Einrichtung heißt immer noch Window-Shop. Auch wird sie noch geleitet von jener österreichischen Kunsthistorikerin, die im Mai 1939 mit wenigen Dollars Cambridge erreichte. Sie suchte irgendeine Beschäftigung. Im Window-Shop machte man sich ihre vorzüglichen Sprachkenntnisse gern zunutze und übertrug ihr die Leitung des kleinen Verkaufslokals.

»Wenn wir Einkünfte hatten«, erzählt sie, »konnte man sich Frankfurter Würstchen mit Bohnen leisten. Kam niemand, gab es keine Würstchen, oft nicht einmal Bohnen.« Glücklicherweise trug Mary Mohrer an den heißen Tagen dieses Sommers ihr Salzburger Dirndlkleid. Eine Kundin, vertraut mit den Modevorschlägen amerikanischer Illustrierten, die die Herzogin von Windsor in solch ländlicher Tracht gezeigt hatten, bestand darauf, sich das Kleid nacharbeiten zu lassen. Diesem Wunsch folgte eine ganze Serie. Als das im nahen Boston gedruckte Blatt der Christian Science, der weltweit beachtete »Monitor«, bald darauf Bilder von Damen der Cambridger Gesellschaft im Dirndl zeigte, war die Nachfrage kaum mehr zu befriedigen. Viele Schneiderinnen aus Deutschland und Österreich dankten diesem Umstand die Möglichkeit, ihrem erlernten Beruf mit einer geliehenen Nähmaschine treu bleiben zu können.

Noch während der Dirndlkleid-Welle mußte die Hilfsorganisation in ein größeres Lokal umziehen. Der Transport geschah auf Handkarren. Das Material für die Verkaufsartikel wurde immer noch von amerikanischen Komitees bezahlt. Denkt man an das Ausmaß ihrer weitverzweigten Hilfe, so ist der Window-Shop nur ein Mosaikstein im Ganzen. Für viele Hitler-Opfer erwies er sich aber als Rettungsring, sie wollten ja nicht Almosen, sondern Beschäftigung. Im Keller des jetzt gemieteten Lokals, das noch keine ganze Etage einnahm, wurde ein Raum wohnlich gemacht, in dem sich die »Heimarbeiter« abends treffen und ihre Probleme besprechen konnten. Hier gab es auch Kurse in Geschichte und Lebensart der Amerikaner, hier wurde die neue Sprache gelehrt. Weil Nachfrage bestand und um den Besuch des Lädchens attraktiver zu machen, richtete man bald einen kleinen »Tea-room« ein. Er legte den Grund zum heutigen, über Massachusetts hinaus bekannten und geschätzten Restaurant. Bescheiden genug war auch dieser Anfang. Zunächst hatte man nur eine Kochplatte und wenige Tassen. Doch die Wiener Art, Kaffee zu bereiten, erwies sich als guter Export-Artikel. Für die einen bedeutete er ein Stückchen Heimat, für die Cambridger etwas Neues. Dann wurde auch Gebäck verlangt, und bald entschloß man sich sogar, einige Lunch-Gerichte anzubieten. Alles nur, um den Wünschen der Geschäftskundschaft zu genügen. Das war leichter geplant als getan, denn unter den im Window-Shop Beschäftigten gab es Akademikerinnen, Frauen von einst wohlhabenden Geschäftsleuten, Fabrikanten, hohen Beamten. Sie hatten sich zu Hause auf ihr Personal verlassen können. Süßwaren lieferten zwar ehemalige Wiener Zuckerbäcker, die sich in NewYork niedergelassen hatten und von denen es heute heißt, daß ihnen dieser Zweig in ganz Amerika ein höheres Geschmacks-Niveau danke. Aber der tägliche Bedarf mußte im Window-Shop zubereitet werden.

»Nehmen Sie dieses Rezeptbuch mit«, hatte eine weise Köchin Alice Perutz-Broch beim Abschied in Wien geraten. »Es mag vielleicht nützlich sein.« Es wurde sehr nützlich. Denn dort standen alle wichtigen Dinge über Kaiserschmarren, Guglhupf, Schokolade-Schnitten. Alice Broch rechnete die österreichischen Deka-Werte in amerikanische Maße um, experimentierte immer wieder auf der einen vorhandenen Kochplatte. Nach Monaten enthielt die Speisekarte mehrere typisch österreichische Gerichte, das Geschäft gab bereits hundert Heimarbeitern Brot. Aber dann ging die Bilanz zurück.

In Europa hatte der Krieg begonnen; Affidavits zu besorgen, war jetzt ein müßiges Unterfangen. Wer sich noch innerhalb Hitlers Reich oder Okkupationsgebiet befand, entkam nicht mehr. Viele Beschäftigte des Window-Shop wußten aber dort nahe Verwandte und Freunde. Sie selbst waren teils erschöpft, teils verbittert, denn das beschwerliche Exil dauerte nun schon über Jahre. Mißmut und Unlust fördern aber ein Geschäft begreiflicherweise nicht, und so blieb die Kundschaft allmählich fort. Sie ahnte wenig von dem düsteren Hintergrund des Hauses. Außerdem hatte auch Amerika mit den Kriegsvorbereitungen begonnen und seine Propaganda gegen die Agressoren verstärkt. Schon meldeten sich Stimmen mit der Frage, ob ausgewiesene ehemalige deutsche Bürger nicht dennoch Deutsche seien. Man sprach sogar von Nazi-Infiltration durch die Vertriebenen. Das gegenseitige Mißtrauen wuchs. Nach dem japanischen Überfall auf Pearl Harbour drohte ihnen allen die Internierung; denn nun war auch Amerika in den Krieg hineingezogen worden, und die offizielle Bezeichnung für ehemalige Angehörige der Achsenmächte hieß künftig »enemy aliens« – feindliche Ausländer.

Alice Broch bewahrt unter ihren Dokumenten zwei Briefe, die sie in der Woche der deutschen Kriegserklärung an die USA erhielt. Unter dem 15. Dezember 1941 schrieb ihr das Christliche Flüchtlingskomitee für Neu-England, man betrachte sie als verantwortlich für alle Mitarbeiter des Window-Shop und brauche jetzt nicht nur ihren Rat, sondern auch »volle Information«. Bei einem drei Tage später stattfindenden Treffen zwischen Hilfsorganisationen und staatli-

chen Behörden sollten möglichst alle Mißverständnisse aus-
geräumt werden, und man hoffe auf ihre tatkräftige Unterstützung »zum gegenseitigen Nutzen«. Deutlicher noch
spricht ein Brief des Jüdischen Flüchtlingskomitees von den
Schwierigkeiten: »Wir wissen, daß alle Vertriebenen aus
Deutschland und den besetzten Gebieten Hitler und sein to-
talitäres Regime wahrscheinlich mehr hassen als irgendein
Amerikaner. Unser Komitee ist sich der Dankbarkeit bewußt, die dieser großen Nation ihrer Gastfreundschaft wegen gezollt wird. Wir glauben, daß auch unsere Regierung
jenen feindlichen Ausländern gegenüber Verständnis aufbringen wird, die erklärte Gegner Hitlers sind. Wir werden
das Menschenmögliche versuchen, alle Ausländer zu unterstützen, die diesem Land Loyalität bezeigen. Sie müssen
aber gewisse Kriegs-Einschränkungen in Kauf nehmen. Wir
werden Sie auch darüber noch unterrichten, was man jetzt
von Ihnen erwartet. Der Präsident der Vereinigten Staaten
hat am 8. Dezember 1941 eine Proklamation zum Thema
›feindliche Ausländer‹ veröffentlicht, die wir beilegen. Lesen
Sie den Inhalt bitte sorgfältig, so daß Sie über jede Einzel-
heit informiert sind. Das Komitee ist im Augenblick nicht in
der Lage, Vermutungen über die Wirkung dieses Schriftstük-
kes zu äußern. Man darf jedoch hoffen, daß die in Kürze er-
warteten Verordnungen zur Klärung der ganzen Sachlage
dienen werden.«

In diesen Tagen hielt Elsa Brändström vor dem Window-
Shop-Komitee eine von allen Zuhörern bis heute nicht vergessene Ansprache über die Situation der Geflohenen. Sie
beschwor ihre amerikanischen Freunde, den seelischen Konflikt von Menschen zu verstehen, die in Mitteleuropa einmal
Bürgerrechte besessen hätten und in Übersee noch nicht
heimisch seien. Sie versprach dem Gastland im Namen aller
Angestellten des Hauses Zuverlässigkeit und Loyalität. Daß
sie kurz darauf gebeten wurde, Präsidentin des Window-
Shop zu werden und damit jenen Posten zu übernehmen,

der bislang stets einer Amerikanerin vorbehalten gewesen war, zeigt den persönlichen Erfolg der Sprecherin und das Vertrauen des Komitees.

Elsa Brändström sagte zu. Sie hatte zwar immer noch eine Fülle von Aufgaben zu bewältigen, die sie »out of town« führten, nämlich die großen Hilfsprojekte der Organisationen mitzulenken, weiterhin durch Vorträge und Radiosendungen aufzuklären. Es gab auch Reisen, über die sie selbst mit Vertrauten kaum gesprochen hat. So wissen wir fast nichts von einer großen Vortrags-Tournee durch die USA und Kanada zugunsten der »Wings of Norway«. Weder in Amerika noch in Oslo war noch irgend etwas über Ausmaß und Erfolg dieser Fahrt für die norwegische Widerstandsbewegung zu ermitteln.

Als erstes prüfte Elsa Brändström mit nüchternem Blick die Bilanz des Window-Shop. Sie fand, daß sich Restaurant und Bäckerei bei richtiger Organisation selber tragen könnten und nicht länger vom Geschäft unterstützt zu werden brauchten. Sie verfocht innerhalb des Komitees den Gedanken, bewährte Flüchtlinge mit größerer Verantwortung zu betrauen: Mary Mohrer die Geschäftsleitung, ihrer Freundin Alice Broch Küche und Restaurant zu übergeben. Sie selbst kümmerte sich um das Personal. Auf diese Weise stärkte man das Selbstbewußtsein aller Angestellten und verbürgte den europäischen Charakter des Hauses.

»Seltsame Leute«, meinte damals ein amerikanischer Lieferant, der seine knappe Ware auslieferte. »Niemand spricht ohne Akzent meine Sprache, und niemand sieht so aus, als habe er immer auf diese Weise sein Brot verdient.«

Schon nach drei Monaten wies der Geschäftsbericht des Restaurants einen Überschuß auf. Seitdem Elsa Brändström täglich viele Stunden mitarbeitete und selbst die geringsten Dinge wie Töpfescheuern nicht verachtete, ging es wieder aufwärts. Jeder fühlte sich ermuntert, sein Bestes zu tun und die Kunden so freundlich zu bedienen wie ihre Präsidentin, die das Schicksal aller Angestellten schwesterlich mittrug. »Ich glaube, daß wir in Cambridge ein gutes Klima für die Vertriebenen geschaffen haben«, berichtete Elsa Brändström einige Monate später. Bald schon konnte sie sich auch gelegentlich als Serviererin von Brita vertreten lassen, die nach der Schule für ein paar Stunden frei war. Das Gästebuch des Window-Shop verzeichnet in diesen Jahren viele berühmte Namen. Reichskanzler a. D. Heinrich Brüning, der jetzt am Littauer-Institut der Harvard-Universität lehrte, kam ebenso regelmäßig wie der Architekt Walter Gropius, wie James B. Conant, Rektor von Harvard, und Eisenhowers Arzt Paul D. White. Viele amerikanische Künstler, denen die Atmosphäre des Hauses besonders gefiel, verabredeten sich hier.

Im September und Oktober 1943 war Elsa Brändström nicht in Cambridge. »Täglich wagte sie sich an meinem Arm ein bißchen weiter in die Wälder von North Conway und ruhte dann oft in einer verlassenen Sandgrube aus. Sie wollte sich ganz schnell wieder erholen«, berichtet Professor Ulich, und in einem Brief Elsas an Alice Broch heißt es: »Ob Sie ermessen, wie meine Gedanken und meine Liebe dem Window-Shop gehören und wie ich es bedaure, jetzt dort nicht helfen zu können? Aber diese vierzehn Tage in den Weißen Bergen haben Wunder getan, ich fühle mich viel stärker und hoffe sehr, bald wieder normale Arbeit leisten zu können. Dies ist ein himmlischer Ort ...« Nur wenige Vertraute wußten, daß sich Elsa Brändström einer schweren Operation hatte unterziehen müssen.

Von 1943 an gab es für sie neben den Tagesaufgaben eine brennende Sorge: Deutschlands Zukunft. Schon damals wußten Ulichs, daß man am Grünen Tisch in Washington mit der Aufstellung künftiger Friedensbedingungen für das besiegte Hitler-Reich begonnen hatte. Sie waren vom Wunsch nach dem endgültigen Niedergang eines Landes diktiert, dessen Notzeiten unter Versailler Paragraphen Elsa Brändström miterlebt hatte. Aus Deutschland trafen nur noch wenige, ungenaue und entstellte Nachrichten ein. Wie sehr ihre Gedanken jetzt dort weilten, zeigt die von Rosemarie Wild berichtete Episode: »Einmal fegten wir auf unserer Farm Scherben einer Vase zusammen, da schaute sie mich ganz verzweifelt an und sagte leise: ›Hier heben wir Glasreste auf und drüben suchen Mütter ihre Kinder unter Trümmern.‹«

Wieder blieb es nicht bei der Anteilnahme. Während man jede Meldung über den Fortgang der Kampfhandlungen austauschte, plante Elsa Brändström bereits für den Tag, an dem Hilfe möglich sein würde. »Daß sie jetzt nicht allein stand, sondern auf viele Menschen zählen konnte, denen sie Jahre zuvor ihre ganze Tatkraft geschenkt hatte, war« – so erzählt ein Beobachter von damals – »für sie die größte und gern angenommene Belohnung. Huldigungen und Schwärmereien waren ihr ja immer begegnet; sie ließ sie sich mit Nachsicht gefallen, aber schätzte das alles nicht. Für sie galt der freie Mensch, der sie nicht verehren, sondern gemeinsam mit ihr die Aufgabe der Stunde anfassen sollte.«

Natürlich gab es auch andere Stimmen. Das in Deutschlands Namen verübte Unrecht, dessen Ende noch nicht abzusehen war, lastete als schwerer Schatten über der Hilfsbereitschaft vieler Kreise. Elsa Brändström stand selbst im Konflikt: sie hatte ihrem Gastland Loyalität geschworen und wußte, daß sogar die Unterstützung notleidender Kinder als »Feindbegünstigung« galt. Vom deutschen Volk zutiefst enttäuscht, folgte sie aber auch jetzt dem Gebot ihres Herzens, für Bedrängte einzutreten und Schwachen zu helfen.

Elsa Björkman erinnert sich: »Die Liebe zu Deutschland und den Deutschen hat meine Freundin durch Höhen und Tiefen geführt. Während der Tätigkeit für Kriegsgefangene hat diese Liebe sie getragen und ihr später über viele Steine des Anstoßes hinweggeholfen, um schließlich auf immer härtere Proben gestellt zu werden, bis zum letzten Schritt, als sie die Wahlheimat, Freunde und Arbeit verließ und mit ihrem Mann nach Amerika auswanderte. Doch trotz allem hat Elsa ihr warmes Gefühl für die Deutschen nie aufgegeben. Es gehörte zu den bewahrten Ansichten; ein Zug von starrer Treue war darin. Nachrichten über die gegen Hitler gerichtete Widerstandsbewegung freuten sie sehr, denn sie glaubte voll und fest an ein anderes Deutschland.« Entscheidender als diese persönliche Bindung aber war sicherlich Elsa Brändströms lebenslang bewiesener Wille, sich ebenso wie gegen das Unrecht auch gegen seine Folge, den Haß, zu wenden.

Ihr Heim, Walker Street 113, dessen schöner Garten und einladende, europäisch geprägte Räume immer viele »New Americans« angezogen hatten, wurde jetzt auch im Kellergeschoß zum Treffpunkt. Dort mußten Gaben einer Hilfsaktion für den alten Kontinent gestapelt und sortiert werden, von der zunächst die Öffentlichkeit nicht erfahren durfte. Unverhofft zahlreiche Spenden zeigten jedoch bald, wie rasch sich die Adresse herumgesprochen hatte. Kenner der damaligen Situation erzählen, daß sie den Beginn jener umfassenden Sammeltätigkeit markiere, die unter dem Namen CARE (Cooperative for American Relief in Europe) und CRALOG (Council of Relief Agencies Licensed for Operation in Germany) in den Nachkriegsjahren bekannt geworden ist. Elsa Brändström war auch diesmal die erste, am klarsten Vorausblickende. Als die in ihrer Wohnung gelagerten Sendungen von Kleidung, Schuhen, Hausrat und Medikamenten später endlich ihr Ziel erreichten, halfen sie dank kluger Planung noch einem anderen Mangel ab. Zur Verpackung dienten nämlich Holztruhen, die Ausgebombte als Kleiderschrank weiterbenutzen konnten. Idee und Entwurf: Elsa Brändström-Ulich.

Im Februar 1945 reiste sie zum letzten Mal nach Europa. Schwedische Frauenorganisationen hatten sie zu einer durchs ganze Land führenden Vortragstournee über Tagesfragen und über die Arbeit amerikanischer Hilfskomitees für Europa eingeladen. Zwar riet der Hausarzt Dr. Brugsch dringend ab; zwar war noch Krieg, und als Transportmittel gab es nur Frachter, die im Convoy von Minensuchbooten den Atlantik überquerten. Elsa Brändström sah aber eine Möglichkeit, sich in Europa selbst vom Ausmaß des Kriegselends zu unterrichten und wieder im großen Rahmen zu sammeln; diesmal für die Weltorganisation »Save the Children Fund«. Ihre Vorträge begannen in Südschweden und führten hinauf bis nach Lappland. Sie hielt die Festansprache zum 80jährigen Bestehen des Schwedischen Roten Kreuzes in Stockholm, diskutierte auf Pfadfinderinnen-Treffen, in Schulen und Gemeindesälen. »Wo sie auftrat, herrschte Jubel«, berichtet eine Augenzeugin. »Mütter hoben ihre Kinder hoch, damit sie die große Wohltäterin der Menschheit einmal im Leben gesehen hätten. Die königliche Familie erwies ihr freundschaftliche Verehrung; als erste Schwedin erhielt sie die Prinz-Carl-Medaille mit der Aufschrift: ›Elenden helfend, verdiente sich Elsa Brändström-Ulich die Krone‹. Sie selbst aber war verändert, schon gezeichnet von schwerer Krankheit. Wir wünschten ihr gelegentlich einen Tag der Ruhe, doch lehnte sie immer ab. Es sei Eile geboten, hieß es dann. Meinte sie nur das wachsende Chaos in Deutschland und den ehemals besetzten Ländern, oder ahnte sie auch, wie sehr ihre eigene Zeit bemessen war?« Hier erfuhr Elsa Brändström den Tod des außerordentlich geschätzten Präsidenten Roosevelt, und zwischen zwei Vorträgen bekam sie die Nachricht von der bedingungslosen Kapitulation Deutschlands. Als sich Ende Mai kein Schiffsplatz für die Rückreise fand, wollte sie notfalls Bord-Stewardeß werden. Ihr Kommentar dazu: »Ich habe im Window-Shop oft genug serviert, und ich kann meine Aufgaben drüben keinen Tag länger hinausschieben.«

Bald wartete man nicht nur in Amerika auf sie. Birger

Forell, ein anderer großer Skandinavier, der für deutsche Kriegsgefangene, Kinder und Vertriebene gearbeitet hat, erwähnt in seinem Tagebuch vom September 1945 zum ersten Mal ihren Namen. Sein Biograph Harald v. Koenigswald schreibt über ein Treffen Forells mit Landesbischof Mahrarens und dem späteren Bischof Lilje: »Forell stellt die Frage, wie das Ausland zu mobilisieren sei, um der deutschen Zivilbevölkerung in der verzweifelten Lage zu helfen. Da fällt der Name Elsa Brändström. Sie ist im Ersten Weltkrieg ›der Engel von Sibirien‹ für die deutschen Kriegsgefangenen in Rußland gewesen. Ihr Schicksal unter dem Nationalsozialismus ist für jeden Deutschen beschämend: sie hatte einen Deutschen geheiratet und mußte seinetwegen mit ihm aus Deutschland fortgehen. Das Ehepaar war nach den USA ausgewandert. Nicht für Kriegsgefangene will Forell noch einmal an ihre Hilfsbereitschaft appellieren, sondern für die hungernden Kinder in Deutschland. Ihr Einsatz und der Ruhm ihres Namens über Ländergrenzen hinweg, ihr persönliches Schicksal im nationalsozialistischen Deutschland würde der Welt deutlich machen können, daß diese Stunde der Not es erfordert, alle Ressentiments hintenan zu stellen, wenn nicht jede Rede von Menschlichkeit unglaubwürdig sein soll. Lilje und Mahrarens sind von der Richtigkeit der Idee überzeugt. ›Schon ihr Name wird für manche verzweifelten Menschen wie ein Signal der Hoffnung klingen‹, sagt Pastor v. Bodelschwingh in Bethel, als ihm Forell davon erzählt. Lilje, Mahrarens und Forell setzen ein Telegramm an Elsa Brändström auf, in dem sie sie bitten, nach Deutschland zu kommen, um sich der hungernden Kinder anzunehmen.« Auch der schwedische Erzbischof Erling Eidem wandte sich im September 1945 mit dem gleichen Wunsch nach Cambridge. Kurz darauf schon konnte das eben gegründete Evangelische Hilfswerk in seinen ersten Mitteilungen schreiben: »Die Welt in ihrer Verwirrung braucht jemand, der die Schleusen der Hilfe nach Deutschland öffnet. Daß die evangelische Kirche hierzu Elsa Brändström berufen hat, ist viel, und daß Elsa Brändström ja gesagt hat, verdient viel Dankbarkeit . . .«

Wohl mehr als das; es verdiente nach allem Vorausgegangenen die größte Bewunderung. Wir wissen, daß der Entschluß nicht leicht gefallen ist, denn er bedeutete noch einmal, sich über alle ärztlichen Bedenken hinwegzusetzen und die Familie mit einer dreizehnjährigen Tochter für unbestimmte Zeit zurückzulassen. Während in der Walker-Street die Reisevorbereitungen begannen und Listen von Adressen gesammelt wurden, um viele lange abgerissene menschliche Verbindungen wiederherstellen zu helfen, »geriet der hoffnungsreiche Plan in die Zerreißmühle der Zuständigkeiten«, sagt Harald v. Koenigswald und fährt fort: »Bischof Wurm hat Forells Bitte anscheinend mißverstanden, denn er schreibt an das Hauptquartier der amerikanisch besetzten Zone, man möchte Elsa Brändström die Einreise erlauben, damit sie ›ihr Liebeswerk als Engel der Gefangenen wieder aufnehme‹ für die Kriegsgefangenen, und nicht wie Forell gemeint hatte: für die Kinder in Deutschland. Die Tatsache, daß es eine deutsche Stelle für nötig hält, daß jemand sich um die Gefangenen der Amerikaner in Deutschland kümmere, wie vor dreißig Jahren um die Gefangenen in Sibirien, muß die Amerikaner verschnupfen. Liegt darin nicht ein Vorwurf, ihre Gefangenen müßten in ›sibirischen Zuständen‹ leben? Jedenfalls findet sich niemand im amerikanischen Hauptquartier, der bereit wäre, diese Anfrage anders auszulegen. Die Amerikaner lehnen die Einreiseerlaubnis ab. ›Graf Folke Bernadotte schrieb eben‹, berichtet Forell an Elsa Brändström am 25. Oktober 1945, ›daß er erst einen Bescheid des Kontrollrats in Berlin abwarten muß, bevor er eine Aktion für die Notleidenden in Deutschland, vor allem für die Kinder, beginnen kann, daher will er auch so lange mit dem Bestellen einer Flugkarte für Sie warten. Ich bin darüber anderer Ansicht, aber wir müssen uns darein finden, weil er als Vertreter des Schwedischen Roten Kreuzes die angefangenen Verhandlungen für Sie fortsetzen muß. Ich habe dem Erzbischof meinen Standpunkt dargelegt, daß die Angelegenheit eilt, denn jeder Tag ist kostbar ...‹ Aber wie soll der Kontrollrat in Berlin einer Hilfsaktion Elsa Brändströms zustimmen? Im Kontrollrat haben die Russen mitzureden, und bei ihnen findet der Name Elsa Brändström gewiß keine Gegenliebe. Noch einmal schreibt Forell am 12. Februar 1946 an Elsa Brändström: ›Wir haben überall bei den zuständigen Stellen versucht, eine Antwort auf unsere Fragen zu bekommen, wie wir für Sie zu einer Reisegenehmigung gelangen könnten. Aber es ist schwierig, eine ordentliche Auskunft zu bekommen. Ich habe nach Genf geschrieben und dort gebeten, irgendeinen Weg herauszufinden. Aber dort sind wieder andere obskure politische Vorschriften, die schwer zu durchbrechen sind. Ich würde Ihnen lieber eine ermutigende Antwort geben, aber so sieht es eben aus, und wir wissen gar nicht mehr, wo wir nun wieder anfangen sollen, um die Erlaubnis und das nötige Visum herzubekommen ...‹

Aus dem Dschungel der Bestimmungen ist nicht mehr herauszufinden. Der gute Wille läuft sich tot. Elsa Brändström darf nicht kommen. ›Diese Enttäuschung gehört zu den schmerzlichsten Erinnerungen meines Lebens‹, hat Forell später, 1950, geschrieben, und er gibt in diesem Brief noch einen anderen Grund an, warum der Plan scheitern mußte: ›Leider ist der Plan darum nicht in Erfüllung gegangen, weil die amerikanische Regierung die Ausreise aus Amerika für diesen Zweck nicht geben wollte. Sie hätte das nur unter der Bedingung gemacht, daß sie im Amerikanischen Roten Kreuz arbeiten würde, und das hat Elsa Brändström damals abgelehnt, weil sie nicht gebunden sein wollte. Für sie selbst und für uns alle war dies eine große Enttäuschung. Wir hätten mit Elsa Brändström an der Spitze unendlich viel mehr machen können ...‹«

In diese Zeit vergeblicher Anstrengung gehört eine Unterredung mit Eleanor Roosevelt, von der offenbar Hilfe zur Beschleunigung der Reisepapiere erwartet worden ist. Damals soll die ungeduldig Planende zutiefst deprimiert und »unansprechbar« aus Washington zurückgekommen sein. In der Begegnung beider Frauen hatte es keine Verständigung gegeben. Wo Elsa Brändström auf eine Mutter zählte, war nur eine Politikerin, die Deutschland verachtete.

Aber noch ließ sie sich nicht entmutigen, setzte vielmehr »eiliger und strenger« ihre ganze Kraft ein, wichtige Aufgaben abzuschließen oder an geeignete Mitarbeiter zu delegieren. Das Programm für die künftige Hilfsaktion war schon klar formuliert: kleine Fähnchen auf der Deutschlandkarte markierten bereits mögliche Stützpunkte, wo Bekannte und Freunde vermutet wurden. Es heißt, daß Elsa Brändström dabei nicht nach Partei und Vergangenheit gefragt habe. Statt zu richten, wollte sie die Chance geben, bessere Einsicht in Taten umzusetzen. Durch Herta Epstein, die jetzt für die Lutherische Welthilfe in Berlin arbeitet, und durch die Vermittlung von Besatzungsangehörigen erreichten schon Pakete und Päckchen ihr Ziel. Empfänger solcher Liebesgaben berichten, wie praktisch sie auf die Notsituation zugeschnitten gewesen seien – man habe sich an den Rucksack für Sibirien erinnert. Über den Standard hinaus aber sei immer auch ein »Extra«, etwas Persönliches versteckt gewesen. Freunde in Cambridge wissen von der liebevollen Sorgfalt, mit der Elsa Brändström diesen »kleinen Lüxüs« auszuwählen pflegte und dabei oft ihren letzten Heller weggab.

»Dann aber kam der Tag«, erzählt Rosemarie Wild, »da stand sie neben mir am Fenster, und wir schauten auf die Felder. Da sagte mir Elsa, daß sie unheilbar an Krebs erkrankt sei. Die Röntgenbilder zeigten bereits Veränderungen, und die Ärzte hätten ihr nur noch zwei Lebensjahre zugesprochen. Sie sagte es ganz still, ganz klar und klaglos, aber mit unendlichem Bedauern. Später am Abend sprach sie von ihrer Dankbarkeit dafür, daß die geistigen Fähigkeiten aller Voraussicht nach nicht beeinträchtigt würden. Wenn Ulichs jetzt zu uns kamen, schwiegen wir von ihren Plänen. Wir wußten, daß das Schicksal sie zunichte gemacht hatte. Deutschland würde für immer die heilende Hand von Schwester Elsa fehlen.«

Etwa ein Jahr lang konnte sie noch arbeiten. Die Eröffnung des Window-Shop in der Brattle-Street, März 1947, brachte seiner Präsidentin neue Sorgen; viel Geld nämlich hatte zum Kauf des unter Denkmalsschutz stehenden Hauses geborgt werden müssen. Doch war es gleichfalls ein Tag der Freude: man würde mehr Personal einstellen und so mehr Arbeitsplätze für Neu-Amerikaner sichern können. Stundenweise half Elsa Brändström noch als Leiterin und Kellnerin, um auch diesem Ort den Geist von Tatkraft und Frische zu spenden. »Komm«, sagte sie beispielsweise zu Alice Cope, »räumen wir den Dachboden auf. In der Küche beginnen ein paar Leute unzuverlässig zu werden.« Aktiv widmete sie sich der Beschaffung von Stipendien und errichtete einen Fond für zusätzliche Altersversorgung der Angestellten, immer noch selbstlos hinhorchend auf die Nöte ihrer Umgebung. Zu Recht nennt man den Window-Shop ihr Denkmal.

Viele Unternehmen ähnlicher Art haben zwischen Ostküste und Pazifik den Immigranten zu helfen versucht. Alle, außer dem Cambridger, sind rasch wieder eingegangen. In jenem schon geschilderten Blacksmith-House nahe dem Harvard Campus, dessen Erwerb dem finanziellen Wagemut Elsa Brändströms zu danken ist, arbeitet der Window-Shop weiter unter seiner Devise, »Neu-Amerikanern« Beschäftigung und Hilfe zu geben. Wie zu den Zeiten der Flucht vor Hitlers Terror verläßt man ihn, wenn sich Chancen im erlernten Beruf bieten, oder bleibt. So gibt es noch heute Mitarbeiter aus den Jahren des Beginns. Doch die Gruppen der Einwanderer haben gewechselt. Es waren »Displaced Per-

sons« aus Osteuropa, die das Kriegsende in Deutschland
überlebt hatten und nun weiter westwärts zogen; es waren
Ungarn nach der versuchten Revolution von 1956, »seltsame
Leute« immer noch, die englisch kaum oder mit starkem
Akzent sprechen. Heute wird man vielleicht von einer farbi-
gen Rechtsanwältin aus Haiti, von einer rumänischen Arzt-
frau, von einem Juden aus Ägypten bedient. Der »Elsa
Brändström-Ulich Fond« hilft ihnen und den Angehörigen
der Stammarbeiter, eine weitere Ausbildung zu finanzieren.
Bis vor kurzem waren die führenden Kräfte des Hauses
noch Freundinnen Elsa Brändströms: die Präsidentinnen
Mrs. Oliver Cope und Mrs. Joseph Aub, die Leiterinnen des
Restaurants Alice Broch, Schwägerin des österreichischen
Schriftstellers Hermann Broch, und Lotte Benfey, Frau eines
ehemaligen Berliner Senatspräsidenten. Jetzt hat neben Mary Mohrer die jüngere Generation leitende Posten im Window-Shop bezogen, der im Sommer oft 100 Beschäftigte aus
zwanzig oder mehr Ländern der Welt zählt. Man rechnet
ihn zu den Institutionen der Universitätsstadt. Aber es ist
mehr, er ist ein Zeichen demokratischen Bürgersinnes.

Von den schweren Stunden Elsa Brändströms, die bis zum
Spätsommer 1947 dort gearbeitet hat, wissen wir wenig. Sie
hat sich zeitlebens kaum anvertraut, ja alles entschieden ab-
gewehrt, was in ihren persönlichen und familiären Bereich
eindringen wollte. Trotz großer Schmerzen soll sie gefaßt,
ja sogar fröhlich gewesen sein. Nachrichten aus Deutschland
habe sie jetzt mit eigentümlich stiller Spannung gelauscht,
wie versunken in Millionen einzelner Schicksale, dann wieder aufbegehrend: »Da muß etwas geschehen!« Und manchmal sei sie plötzlich in ihren Wagen gestiegen und in wilder
Fahrt am Charles River entlang gejagt, »mit erregten Augen
und in dunkler, dunkler Verzweiflung«. Zurückgekehrt, habe sie dann wieder Ruhe und Freundlichkeit ausgestrahlt.
Dieser Indian Summer 1947 soll an der amerikanischen Ostküste von unvergleichlicher Schönheit gewesen sein. Im

Oktober wurde Elsa Brändström bettlägerig. Mehrere Kno-
chenbrüche zeigten den raschen Fortschritt des Leidens. Brita, fünfzehnjährig, lernte sogleich, der Mutter Medizin und
lindernde Spritzen zu reichen. Viele Stunden waren sie jetzt
beieinander und sprachen von der Zukunft. Die Kranke bat,
nicht zu trauern. Abends las Robert Ulich Kapitel aus Mei-
ster Eckehard und eigenen geistlichen Gedichten. Er erinnert sich, daß seine Frau immer wieder den »Psalm XI. Von
der Offenbarung Gottes« hören wollte:

Die Seele spricht zu dem Herzen:
»Warum flackerst du wie eine Flamme und fürchtest das
    Leben?«
Aber das Herz antwortet:
»Warum sollte ich mich nicht fürchten?
Denn im Herzen wohnt die Liebe, und wo die Liebe wohnt,
    da ist Ängstlichkeit.
Der Herbstwind wehet die Blätter, und der Tod wehet die
    Menschen,
Und Liebe will nicht allein sein.
Und zu mir kommen alle Schmerzen des Leibes,
Denn die Menschen wohnen in Leibern,
Und du weißt nicht, wie Menschen leiden.
Du weißt nicht vom Brennen zerschossener Glieder
Und vom Röcheln der Städte, in denen die Pest geht.
Frage doch Gott, meine Seele, warum die Menschen also
    leiden,
Und bring mir die Antwort.«

Darauf neigt sich die Seele zum Herzen und spricht:
»Du bist die Zeit, und in dir schlägt der Puls des Blutes.
Aber Gott ist die ruhende Ewigkeit,
Und ich bin der Wanderer zwischen euch beiden.
Darum bin ich gespannt in den ewigen Widerspruch,
ich freue und leide mit dir, aber ich bin nicht du,

ich darf Gott schauen, aber ich bin nicht in ihm,
denn ich würde verbrennen in seinem Lichte,
ich bin die Brücke zwischen den Ufern,
aber ich bin nicht das Ufer,
und ich bin nicht die dunkle Erde
aus der es herauswächst.«

Da entgegnet das Herz der Seele:
»So sind wir beide gefangen in Finsternis.
Ich bin in der Enge des Leibes,
Und du in den Klammern des Nichts.
Wir sehen die Strahlen der Sonne durch unsre Gitter,
aber die Sonne bleibt uns verhüllt.
Wir hören den Sturm vor unseren Mauern,
aber weißt du, von wannen er kommt und wohin er geht?
Wir sind beide Kinder des Zufalls,
und Zufall ist ein Fluß mit vielen Steinen,
und ihr Anprall zerreißt meine Wände.«

Da schwieg die Seele und fror,
wie der Wald friert vor dem Rauschen des Abends.
»Warum schweigst du?« fragte das Herz.
Da beugte sich die Seele über das Herz,
und das Herz wußte, daß sie weinte.
»Wohin fallen deine Tränen?«
»Sie fallen ins Weltall«, sagte die Seele,
»und ich warte, ob sie ins Leere fallen
oder ob die Hand Gottes da ist, sie aufzufangen.«
Und wie das Herz und die Seele in den Abgrund des Daseins
    schauten,
da gingen plötzlich Lichter auf, wo immer eine Träne
    gefallen war,
und sie wuchsen herauf aus der Tiefe und wurden wie
    Sonnen,
und die Seele ward umringt von einem funkelnden Kranze.

»Siehst du nicht?« sagte das Herz,
»daß Gottes Auge durch dich hindurchschaut,
Und daß die Melodie der Sterne durch dich hindurchdringt?«

Da kniete die Seele nieder und hüllte das Herz in ihren
   Mantel.
»Hörst du?« fragte das Herz.
»Ich höre«, sagte die Seele.
Und sie kauerten beide nieder in Andacht,
Und Zeit und Raum verschmolzen in der Wärme Gottes.

»Es ist mir oft ein Rätsel gewesen«, sagt Elsa Björkman,
»daß der aktivste, am positivsten lebende Mensch, den ich
gekannt habe, die Befreiung von der irdischen Existenz so
stark empfinden mußte.« In der Neujahrsnacht 1947/48 war
sie von Stockholm nach Boston geflogen, um noch einmal
bei ihrer Freundin zu sein, »vereint wie damals als unzer-
trennliche kleine Mädchen in Linköping«. Man sprach wieder schwedisch und erzählte fröhliche Geschichten aus der
Kindheit. Elsa Brändström, die so gern gelacht hatte, ohne
eine »schöpferische Spaßmacherin« zu sein, gelacht hatte als
reife, verständnisvolle Antwort und weil sie von freudigem
Naturell war, erreichte selbst jetzt noch, daß im Haus keine
gedrückte Stimmung aufkam. Viele Momente ihres szenen-
reichen Lebens müssen in diesen letzten Wochen an ihr vor-
übergezogen sein. Sie besann sich auf Sibirien, auf die Dulderfähigkeit des russischen Volkes, und mancher Besucher,
der jahrelang eng mit ihr zusammengearbeitet hatte, hörte
zum ersten Mal solche Erinnerungen.
   Eine Schwedin und eine Deutsche halfen Elsa Björkman
in späten Abendstunden, die Kisten und Kasten voller Post
zu ordnen und nach dem Wunsch der Empfängerin aufzube-
wahren oder zu verbrennen. Viele unbeantwortete Briefe
waren darunter, deren Existenz die Schwerkranke belaste-
ten. Sie hatte sich immer gewünscht, irgendwann Zeit zu

finden. »Und noch einmal flackerte ihr Optimismus mit einer schwachen Flamme auf: ›Wir wollen die Stunden nutzen, allen zu schreiben, die wir erreichen können.‹« Ihre Fürsorge blieb wach bis zuletzt. Jahre später trafen in Deutschland noch Pakete aus Schweden ein, deren Adressen in diesem Krankenzimmer vermittelt worden waren.

Elsa Brändström-Ulich starb am 4. März 1948. Der Trauerfeier in der Begelow Chapel wohnten nur ihre Angehörigen, ihre Ärzte und wenige Freunde bei. Auf Wunsch der Verstorbenen wurde kein persönliches Wort gesprochen, dafür der 23. Psalm und das Pauluskapitel mit dem Schlußsatz: »So faith, hope, love abide, these three; but the greatest of these is love« (1. Korinther 13). Es folgten Gedächtnisfeiern in der überfüllten, fahnen- und blumengeschmückten Kapelle der Harvard-Universität; am 11. April im Berliner »Meistersaal«; am 18. Juni, dem Tag der Urnenbestattung, in Stockholms Gustav-Adolf-Kirche. Zwischen den Namen von Eltern und Brüdern verzeichnet ein Granitstein:

Elsa Brändström-Ulich

* 1888 † 1948

Wo soll der Biograph Abschied von seiner Erzählung nehmen? Für die Weite dieses Lebensweges könnte er die vielen Sprachen jenes Buches anführen, unter dessen Liebesgebot sich Elsa Brändström gestellt hat: Sie hörte die Bibel zuerst französisch von der Mutter, dann schwedisch im Linköpinger Dom, deutsch bei der Trauung in Marienborn und wieder in der Sprache der Kindheit, als ihre Freundin am Krankenbett aus dem schwedischen Psalmenbuch las. Englisch klangen die Schriftworte bei den Trauerfeiern in den USA, und es ist nicht abwegig, sich vorzustellen, daß Pastor Neander zum Gedächtnis jene russische Bibel in die Gustav-Adolf-Kirche getragen hat, durch die Elsa Brändström einst einem Verurteilten das Leben rettete.

Man könnte noch einmal in Briefen von Königinnen und

Staatsmännern, von Gefangenen, Kindern und Heimatlosen blättern, um zu sagen, wer sich ihr anvertraut hat. Diese Kapitel enthalten das Leid unseres Jahrhunderts, für das Elsa Brändström mit ihrem Dasein zu zahlen bereit war. Denn sie spürte den Zusammenhang der Schöpfung, daß, wo einer verletzt wird, das Ganze betroffen ist. Sie hat gedankt, wann immer man sie fremde Not wissen ließ.

Elsa Björkman-Goldschmidt ordnete die Hinterlassenschaft und fand nur noch wenig Schmuck im einmal gefüllten Kasten. »Jedes Stück, das fehlte, hätte sicher von einem schweren Schicksal erzählt ...«

Man könnte von der Trauergemeinde berichten, Stellvertretung ungezählter Menschen, die Dank zu sagen hatten, weil sie ohne diese mutige Frau durch Gewalt oder Entbehrung, Kälte oder Hunger zugrunde gegangen wären. Von Nachrufen in vielen Ländern wäre zu sagen und von Erinnerungen, die zwanzig Jahre später noch so lebhaft sind, als sei Elsa Brändström erst gestern fortgegangen.

Es spräche alles vom Segen eines Daseins, das ursprünglich, kraftvoll und stark gegen Trübes und Lähmendes gekämpft, Wunden geheilt und Frieden geschenkt hat. Immer noch gibt man Elsa Brändström neue Namen, die das Grenzenlose ihrer Menschlichkeit umfassen sollen. Es sind Annäherungen, Versuche wie dieser, etwas zu sagen vom Geheimnis eines guten Lebens.

Namenverzeichnis